改訂版

元井太郎の古文読解が面白いほどできる本

元井　太郎
Taro Motoi

この本は、小社より 2004 年に刊行された『元井太郎の古文読解が面白いほどできる本 』の改訂版です。

はじめに

〝古文のための古文〟ではなく、〝第一志望合格のための古文〟を！

なぜ入試科目として古文が課されるのでしょうか？　教養を見るため？　高校で習ったから？（だったら、保健体育があったっていーはず！）

答えは、ともに〝ノー〟でしょう。

おそらく大学側が意図しているのは、第一に、**「制限時間内における国語の問題処理能力」**を見ることであり、第二に大学側が設定する入試科目に合わせて勉強する、つまり**「客観性・社会性（相手の言っていることを理解し、相手に合わせられる能力）」を見たい**、という点に尽きるのです。にもかかわらず、受験生の意識には、「単語・文法をまじめにやって、全訳できれば点とれる」といった**〝悪《あ》しき精神主義〟**がはびこり、「努力したわりに本番で点がとれない」といった**悲劇**が、毎年くり返されています。その原因は、大学側の意図をふまえない受験生側の学習姿勢にあるのです（要するに〝結果を伴わない努力〟だネ、**最悪！**）。

であるからして、受験生は、**〝点とりマシーン〟**と化して、点数とれればよいのです。ガンバった努力を無駄にしないゾ！　という意味で、**功利《こうり》主義に徹しましょう。**と言うと、抵抗を感じる方もいるかもしれませんが、**はきちがえてはなりません**。

やはりちゃんと基礎をふまえ、大学側の出題意図をふまえないと、本番で点はとれないのです。そのために**効率のよい勉強法を！**　とは言っても、大学側はムズカシイことなど何も要求していないのであって、特別なことなど必要なく、だれでもうまく**努力を点に結びつけることは、カンタン**なのです。**〝最小の努力で、最大の効果〟**を生む勉強ができるか否《いな》かは、大学側の意図をふまえるかどうかにかかっていて、大学は、まさにその点を見たいのです。**とにかく点をとろう‼**

そのために本書は、

本当に点がとれる参考書であること

を目指しました。

従来の古文参考書を見ると、「勉強した気にはなるけれど、本当に点とれるのか疑問」なものや、「入試が古文一科目ならこれでもいいけど」のような努力要求型のものが多いようです。

〝効率〟という意味では、**本番レベル**をまず知って（今できなくてもいーワケで！）、それに合わせて**復習をし**、日々の学習を進めるべきです（あまり古文に時間をかけず、英語に時間をまわすべし！）。

本書は**〝本番のリアルな戦場リポート〟**になっています。ハードな点もありますが、恐れずついてきてください！　よくある「はじめに答えありき。文法やあやしいテクニックで後付けた〝わかりやすい解説〟。しかし、自分では解けない」といった参考書とは一線を画しているはずです。

学校と本番との〝橋渡し〟となる

みなさんの頭の中に基礎をたたき込むことは容易なことではありません。学校の先生方がたいへんな思いをしてそれをやってくださっています。

しかし、おわかりだと思いますが、基礎だけでは第一志望には受かりません。基礎と実践の〝橋渡し〟の役を本書が引き受けます。古文の参考書はこの一冊のみ！　あとは過去問をはじめとする本番レベルの入試問題だけでOKです。

国公立・私立文系・センター受験理系・気合いの入った高一・二生のみなさん、本番で点とるイメージをつかみ、本番でガッツリいってください！

出来不出来のプレッシャーを自分にかけずにうまく勉強しよう！

本書の内容をとりあえずたどって読んでみてください。通読することで、大学側が要求している古文読解のイメージ（「なーんだ、これでイイのか！」）と、本番で点をとるイメージをつかんでもらいます。古文が苦手な方や、高一・二生の方などは、例題の全文訳をはじめに見ちゃえ見ちゃえ！

とにかく「今、できるか、できないか」という○×のプレッシャーを自分にかけず、くり返すことが大切です。一か月で二～三回ほど通読してみるぐらいのペースがグッド（暗記のコツは、くり返し！

だよ)! 本番レベルの得点分析から、効率よい勉強法のイメージを自分なりにつかんでもらうことが本書の意図することです。

あまり細かく考えず、ガンガンいっちゃってください(いい意味で「受験の乱暴者」になろう!)。

元井組の合言葉、それは、

「自力本願・本番頂点・何でもいーからとにかく第一志望!」

です。受験生に贈る言葉は、

「苦悩のあとの歓喜を」(L・V・ベートーヴェン・第九、っていうかシラーですね)

「明けない夜はない」(W・シェークスピア)

「汝《なんじ》は汝の汝を生きよ。汝は汝の汝を愛せ」(M・スティルナー)

がんばろーぜ! 一発かましませう!!

元井 太郎

目次

〈略記号一覧〉

●品詞

- (名) 名　詞
- (代名) 代名詞
- (副) 副　詞
- (連体) 連体詞
- (接) 接続詞
- (補動) 補助動詞
- (形) 形容詞
- (形動) 形容動詞
- (助動) 助動詞
- (係助) 係助詞
- (終助) 終助詞
- (接助) 接続助詞

●動詞の活用の種類

- (四) 四段活用動詞
- (上一) 上一段活用動詞
- (上二) 上二段活用動詞
- (下一) 下一段活用動詞
- (下二) 下二段活用動詞
- (カ変) カ行変格活用動詞
- (サ変) サ行変格活用動詞
- (ナ変) ナ行変格活用動詞
- (ラ変) ラ行変格活用動詞

●活用形

- (未) 未然形
- (用) 連用形
- (終) 終止形
- (体) 連体形
- (已) 已然形
- (命) 命令形

●敬語の種類

- (K) 謙譲語
- (S) 尊敬語
- (T) 丁寧語

●語感

- (−) 悪い意味
- (＋) 良い意味

●その他の略語

- (主) 主　語
- (目) 目的語
- (述) 述　語
- (指) 指示語
- (熟) 熟　語
- (敬) 敬　語
- (選) 選択肢
- (挿) 挿入句

第一講

本文読解の原則

古文を固めて，**国語武装化計画**！“敵を知り，己《おのれ》を知れば，百戦殆《あや》うからず”目指すは“国語の総合点”アップ！

「**得点**のための古文」とは？“本文を**ザット**たどって，速く文脈をつかむこと”にあり！

「ザット」とは？　テキトーに本文読んでもダメ！　細かく細かく基礎バッカリでもダメ！

「得点直結」の読解ポイントをつかめ！　大学側の出題意図をふまえ，本番で効率よく点をとれる学習指針をモノにせよ！

原則
1
主語・目的語をたどれ！
——速く読み、速く解くために——

元井の視点

直訳よりも、動詞の主語・目的語をつなげ！

例題

次の文章は『今鏡』の一節で、敏捷《びんしょう》な行動で有名な藤原成通《ふじわらのなりみち》に関する話である。これを読んで、後の問いに答えよ。

宮内卿有賢《くないきやうありかた》と聞こえられし人のもとなりける女房に、しのびてよるよる様をやつして通ひ給《たま》ひけるを、さぶらひども、「いかなるもののふの、局《つぼね》へ入るにか。」と思ひて、「うかがひて、あしたに出《い》でむを打ち伏せむ。」といひ、したくしあへりければ、女房いみじく思ひ嘆きて、例の日暮れにければおはしたりけるに、泣く泣くこの次第を語りければ、「いといと苦しかるまじきことな

1

り。きと帰り来む。」とて、出で給ひにけり。～（略）～

『今鏡』〈センター本試〉

問　傍線部「いといと苦しかるまじきことなり。きと帰り来む。」の解釈として最も適当なものを、次の①～⑤のうちから一つ選べ。

① 私にとってそれほどつらいことではありません。すぐに戻って来てください。
② 私にとって少しも気にならないことです。すぐに戻って来ましょう。
③ あなたを決して困らせるようなことはしません。すぐに戻って来てください。
④ 二人の仲は誰《だれ》にはばかる必要もありません。すぐに戻って来ましょう。
⑤ 二人の仲は決して絶えるようなことはありません。すぐに戻って来るでしょう。

本番で、このセンター試験の問題文の冒頭部分を、どー読めばいいか？　ということを考えてみましょう。

受験生にインタビューしてみた結果、

❶ **勉強してきた単語・文法**
❷ **「、」で切って品詞分解**
❸ **とにかく直訳をとろうとする**

ということで、**ひたすら力まかせに直訳**にかかり、

ド直訳

宮内卿有賢と申し上げなさった人のところにいた女房に、こっそりと夜ごとにわざと見すぼらしい格好をして通いなさっていたところ、侍たちが「～」と思って、「～」と言って用意していたので、………

みたいな訳（**単語・文法的な意味では確かに完璧なのですが、**……）がとれれば、かなり安心、訳せない箇所では考え込んで、先に読み進められない、といった状態に陥ってしまう人が多いらしいのです。

センターのパターンで考えてみますと、二〇〇点満点で八〇分の四題出題、古文（五〇点）には二〇分しかかけられません。この問題文は、そんなに難解ではありませんが、ダラダラとしていて（ℓ.1～ℓ.5**までの第一段落が、なんとひと続きの文！**）、少し乱れています。**ド直訳**のような読み方をしていては、本番で全文の読解に時間がかかり、古文で二〇分を超して、現文・漢文に影響を与え（**これがアセるんだ！　パニック!!**）、国語の総合点は崩壊、一年間の努力は**ムダ！**　という結果になってしまっても当たり前です。

じゃあ、いったい、どーすればいいの!?

もちろん、「直訳するな・品詞分解するな」などと言っているわけではありません。実際の入試本番で問われるのは、二〇分以内での客観的な読解力・設問に対する問題処理能力なのであって、求められているのは、

基礎をふまえて、話を作らず、できうる限り正確に、ザット文脈をたどる読み

なのです。

〝ザット文脈たどる〟って、どーゆーこと!?

実はだれしもやってしまいがちなのですが、受験生が必死になってとろうとしている、先にあげたような**ド直訳**を、私は**ボケた直訳**と言っています。なぜ「ボケた」かというと、

1. **やたらと時間くって、**
2. **そのわりに点数に結びつかない**

という二点によっています。それは、客観性と処理能力が求められている入試の本番で、大学側、つまり出題者の要求と合致していない〝読み〟なのです。

出題意図に合致した〝ザット文脈たどる読み〟とは、おそらくみなさんがイメージしているよりも、より単純で、簡単な〝読み〟ではないかと思います。読解していくための正しい視点を持てさえすれば、この〝読み〟を会得するのはカンタンです。

ご一緒に冒頭のセンターの本文で具体的に考えてみましょう。

宮内卿有賢《くないきやうありかた》と聞こえられし人のもとなりける女房に、しのびてよるよる様をやつして通ひ給《たま》ひけるを、さぶらひども、「いかなるもののふの、局《つぼね》へ入るにか。」と思ひて、「うかがひて、あしたに出《い》でむを打ち伏せむ。」といひ、したくしあへりければ、女房いみじく思ひ嘆きて、例の日暮れにければおはしたりけるに、泣く泣くこの次第を語りければ、「いといと苦しかるまじきことなり。きと帰り来む。」とて、出で給ひにけり。～（略）～

原則

〝文脈〟とは、本文の動詞の、主語・目的語とのつながりである！

とおさえれば、あとは基礎をふまえて、

❶ ザット説明文から（ボケた直訳をとろうとあせると、本文にのみ細かく目がいって、説明文などを

忘れがち！ 本文読解のヒントがちゃんと現代語で書いてあるヨ！）、メインの主人公は「成通」である（第三講・実戦1【⬇二五七ページ】に全文あり！ 全文を通読すればなおさらハッキリ！ です）。

ザット文脈たどる読み！

❷ 本文全文《ザット》（第三講・実戦1【⬇二五七ページ】）で、敬語が使われているのは、「成通」と「宮内卿」の二人の貴族で、「宮内卿」は、最初の部分にしか出てこない（敬語の使い方については、第二講・原則6【⬇一四〇ページ】で！）。

という二点をおさえること（ザット、カンタンだよネ）によって、ℓ.1「通ひ給ひ」の、省略されている主語が「成通」とわかります。つまり、ℓ.1〜ℓ.5の第一段落から、強く意識してつかみたい文脈は、

得られる情報量

❶ ℓ.1の主語・目的語「成通」（主）が、「女房に」（目）、「通ひ給ひ」（敬）
（恋の文脈！ 二人はつき合っている。通い婚が普通なので、場面は、女房がお仕えしている宮内卿の邸内！）

❷ 「女房」と「さぶらひども」は、宮内卿にお仕えしている。

❸ ℓ.2さぶらひのカッコ「いかなるもののふ（武士）の、局へ入るにか。」
（侍たちは、貴族の成通を、武士であると思い込んで誤解している）

とザットつかみ、

文脈的に 本文アプローチ

説明文！

機転が利く成通が、宮内卿にお仕えする女房とつき合っていたところ、宮内卿邸の警備役の侍たちが、成通を武士と誤解し、ぶっとばそうとしているのを、女房が、成通に告げた。

と〝文脈〟的に（主語・目的語のつながりを重視して）、とらえられればよいのです。

最初の**ド直訳**と**文脈的に本文アプローチ**とを比較してみてください。**得られる情報量**（❶〜❸）がハッキリと違います（**だから ド直訳 は、「ボケた」なのですよ！**）。そして出題意図としてこの**〝文脈のつながり〟**をきいているのが、ℓ.4〜ℓ.5の傍線部なのです。

問 傍線部「いといと苦しかるまじきことなり。きと帰り来む。」の解釈として最も適当なものを、次の①〜⑤のうちから一つ選べ。

① 私にとってそれほどつらいことではありません。すぐに戻って来てください。
② 私にとって少しも気にならないことです。すぐに戻って来ましょう。
③ あなたを決して困らせるようなことはしません。すぐに戻って来てください。
④ 二人の仲は誰《だれ》にはばかる必要もありません。すぐに戻って来ましょう。

⑤二人の仲は決して絶えるようなことはありません。すぐに戻って来るでしょう。

「ド直訳」では絶望的！

ド直訳を目指して、「、」で切って読み進めているとℓ.1〜ℓ.4と傍線部が切れてしまいます。結果、傍線部のみに目がいってしまい（**傍線は、プレッシャーとして、受験生の目を引きつけます**）、わかる範囲の単語・文法力で傍線部の直訳だけを考え、選択肢へいき、一つ一つの選択肢（**こりゃまた、言いまわしがビミョーでややっこしい！**）をフィーリングで選ぶ、といった**絶望的な解き方**に陥ってしまうのです。これでは、よしんば正解できたとしても、確実に時間をくってしまいます。

この設問の形式を**〝客観式〟**といいます。〝客観〟ということは（**自分の勝手な思い込み・イメージ、〝主観〟ではなく**）、すなわち、**「だれがやっても解ける（しかも制限時間内で！）」**という客観性があるはずです。

出題意図に合致した読み

出題意図に合致した**〝ザット文脈たどる読み〟**という視点で、この設問を考えてみましょう。

ためしに、**文脈的に本文アプローチ**と、傍線部を意識的にくっつけてみてください。ℓ.1〜ℓ.4の状況（**侍たちが、成通を、貴族ではなく武士と誤解して、ぶっとばそうとしている**）を、女房から告げられた成通の感想が、傍線部のカッコ（ℓ.5「**とて、出で給ひ**」から、**敬語が使われているので、「成通」のカッコ！**）とわかります。この状況で、普通、「苦しかる（困ル）」のは、ぶっとばされそうな成通ですから、「苦しかるまじき」の主語は「成通」とカンタンにわかります。

次に、選択肢を縦に一つ一つ見るのではなく、横の構成ポイントで見て（**第三講・実戦1**【➡二四四ページ】）ください。

①私にとってそれほどつらいことではありません。すぐに戻って来てください。
②私にとって少しも気にならないことです。すぐに戻って来ましょう。
私は
③あなたを決して困らせるようなことはしません。すぐに戻って来てください。
~~④~~二人の仲は誰《だれ》にはばかる必要もありません。すぐに戻って来ましょう。
~~⑤~~二人の仲は決して絶えるようなことはありません。すぐに戻って来るでしょう。

主語が「成通（**成通の言っているカッコなので「私」**）のみ」の選択肢は、①②③です。主語が「二人の仲」になっている④⑤を即消しして、①②③の選択肢の後半部分を比較します（**①③と②という二系列になっていることに注目してください**）。

①③の「すぐに戻って来てください」は、女房の立場での発言、②の「すぐに戻って来ましょう」は成通の立場での発言（**得られる情報量❶**「**恋の文脈、通い婚！**」**から。それから、主語・目的語で、つまり、文脈で、選択肢のポイントが切られています**）です。主語が、成通なのか、女房なのか、という視点で本文傍線の後半部「帰り来む」の主語を見てみると、やはり**得られる情報量❶**「**恋の文脈、通い婚！**」、しかも、場面が宮内卿邸であることを考えれば、「帰って来よう」の主語が「成通（「私」）」であることは明々白々！　したがって、①②③から、②**即答**です。

以上の視点からこの設問を見てみると、実に、だれが解いたって、正解するのに一分間もかからないでしょう。いわゆる、**才能・妙な公式・あやしげなテクニックなど、何もいらない**のです。すなわち、出題者が文脈をきいているのですから、受験生はそれに応じて、文脈（**主語・目的語のつながり**）的に古文を読めばよい、という単純明快なことなのではないでしょうか。

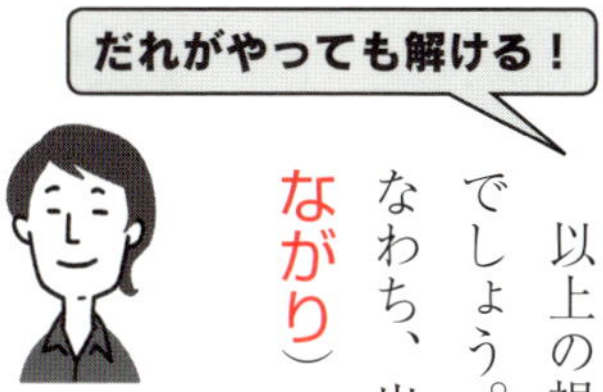

要するに、

❶ **しっかりと暗記系の基礎をふまえる！**
（本番で、基礎が意識の底に沈みつつ、読みに活用できれば理想的！　たとえば、お友達にメール打つとき、いちいち文法考えないでしょ！）

❷ **訳よりも、格をつなげ！**
（ド直訳よりも、主格・目的格のつながりを意識！　直訳は、問われたら細かく考えればいーワケです！　とにかく本番で、こだわって時間くったら即死！「君、死にたまふことなかれ」です）

❸ **できるだけ、速く、正確に、本文全体の文構造をザットつかむ！**

といった要領が本番では大切なワケですよ。

イメージとしては、英語の長文読解で、何か、話題的にハマって、うまく読めたときのような感じです。そういうときは、英語と日本語の中間な読解で全文をザットたどれているのではありませんか？　完璧な日本語にトランスレート（全訳）はしていないはず！　古文でもそんな感じを目指して読解力をつけていきましょう（英語よりもカンタンだよ！）

勉強法がうまくつかめた受験生（つまり第一志望に見事合格する人、みんなもそーなってネ！）が、よく言うセリフです。たぶん一般的なお堅い古文読解のイメージよりも、本番で求められている読みはカンタンなことなのだろうと思います。考えてみれば、たかだか二〇分程度の制限時間で、そんなに深く高度なことがきかれるわけもありません（大学院・国文学科の〝院試〟じゃあるまいし、みんなが受けるのは、しょせん、大学入試なのだから、気楽に気楽に！）。

自力で「勉強法」つかめ！

とはいえ、何を、どのように、ザットなのか？　つかみどころのない話ですよね。無理もないことです。が、しかし、まさにその点を、第一志望の大学の出題意図に合わせ、具体例の量を通じ、自力で、つかんでいくことこそが、古文の受験勉強なのです（自力本願！　万人に共通の、唯一絶対の「よい勉強法」があるわけではないのです。本番で、速く正解できる自分なりのアプローチを作っていければよいのです）。自力でつかんだ解法でないと、本番で点はとれない（つまり、大学側に評価されない）のですよ。

受験生が目指すべき〝出題意図に合わせた読み〟とは、

基礎をふまえて、全文の主語・目的語をザットたどれ！

という読みなのです。ガンバって目指してゆきましょう。

試験にでる！ 単語・文法・熟語

ℓ.1 「様をやつして」
●**やつす** 四
⇩ワザト見スボラシクスル

2 「さぶらひども」
●**さぶらひ** 名
⇩貴人ニオ仕エスル武士

2 「いかなるもののふの」
●**もののふ** 名
⇩武士

2 「局へ入るにか」
●**局**（つぼね）名
⇩部屋

本文をくり返し読み込んで復習をしながら、基礎として暗記していってネ!!

●**にか**
⇩～デアロウカ（助動 断定「なり」の 用＋係助 疑問「か」）

2 「あしたに出でむ」
●**あした** 名 ⇩早朝

3 「打ち伏せむ」
●**む** 助動
⇩ミンナデ～シヨウヨ（主語が複数のときは「勧誘」が多い。「意志［主語一人称「私は」］」との識別に注意）

3「例の日暮れにければ」

●例の 熟

⇩イツモノ・フツーノ（ちなみに「の」は、連用格の格助詞であると暗記！）

4「おはしたりけるに」

●おはす サ変／●おはします 四

⇩イラッシャル（「あり・をり・行く・来」の尊敬語）

4「苦しかるまじき」

●苦し 形

⇩困ル

●まじ 助動

⇩ここは「打消推量（～ナイダロウ）」の 体「まじき」

全文訳

宮内卿有賢と申し上げなさった人のところにお仕えしていた女房に、成通がこっそりと夜ごと、わざと見すぼらしい格好をして通いなさっていたところ、宮内卿にお仕えする侍たちが「どのような武士が、女房の部屋へ入っているのであろうか。」と思って、「様子をうかがって、その武士が早朝、女房の部屋から出てくるのを、みんなでぶちのめしてやろう。」と言って、準備をしていたので、女房はたいそう思い嘆いて、成通がいつものように日が暮れたのでいらっしゃったところに、泣く泣くこの事情を語ったところ、成通は「私にとっては全く困らないであろうことである。私はきっとあなたのところに帰って来よう。」と言って、女房の部屋を出て行きなさった。～

原則
2

指示語の反射神経を高めろ！

―ほぼ一〇〇％でるに決まっている―

元井の視点

いつもいつも、指示語を意識しよう！
指示語を手がかりに文構造の対応をさぐる〝読み〟を作れ！

試験によくでる筆頭、**ほぼ確実に設問として点にからむ**のが**指示語**です。本番で指示語を速く処理するために、日々の学習でどのように対処していけばよいのでしょうか？　なぜ、指示語が出題意図として問われるのでしょうか？

例題1

次の文章を読んで、後の問いに答えよ。

ある所に強盗《がうだう》入りたりけるに、弓とりに法師をたてたりけるが、秋の末つかたのことにて侍りけ[1]

るに、門のもとに柿の木のありける下に、この法師、片手*矢はげて立ちたるうへより、うみ柿の落ちけるが、この弓とりの法師がいただきに落ちて、つぶれてさむざむに散りぬ。この柿のひやひやとしてあたるを、かいさぐるに、なにとなくぬれぬれとありけるを、はや射られにけりとおもひて、臆《おく》してけり。かたへのともがらに言ふやう、「はやく痛手を負ひて、いかにものぶべくも覚えぬに、この頸《くび》うて」と言ふ。「いづくぞ」と問へば、「頭《かしら》を射られたるぞ」と言ふ。さぐれば、なにとは知らず、ぬれわたりたり。手にあかく物つきたれば、げに血なりけりとおもひて、「さらんからにけしうはあらじ。ひきたてて行かん」とて、肩にかけて行くに、「いやいや、いかにものぶべくも覚えぬぞ。ただはや頸をきれ」と、頻《しき》りに言ひければ、言ふにしたがひてうちおとしつ。さて、その頭をつつみて、大和の国へ持ちて行きて、この法師が家になげ入れて、「しかじか言ひつること」とて、とらせたりければ、妻子《めこ》泣きかなしみて見るに、さらに矢の跡なし。「むくろに手*ばしおひたりけるか」ととふに、「しかにはあらず。この頭のことばかりをぞ言ひつる」と言へば、いよいよかなしみ悔ゆれどもかひなし。臆病はうたてきものなり。さ程の心ぎはにて、かく程のふるまひしけんおろかさこそ。

『古今著聞集』〈立教大・経〉

（注）*矢はげて——矢をつがえて。　*ばし——強意の助詞。

問　傍線の部分の現代語訳として最も適当なもの一つを、左記各項の中から選び、番号で答えよ。

① 赤いものであるから、きっとあやしいものにちがいない。
② 頭を射られたといっても、それほどひどい傷ではないだろう。
③ 血がついているというが、そんな様子は見られない。

④ この場を立ち去らなければ、命を助けることは出来まい。
⑤ 強盗が襲ってきても、決してお前を見捨てまい。

受験生の一般的なイメージ、
「単語・文法の基礎をまじめに覚えて、本文がかなり訳せれば、いい点とれるはず」という観点からすると、この問題文を第一志望の本番で初めて見た場合、けっこう直訳がとれることからだいぶ安心してしまうのではないでしょうか？　が、しかしそれは**「甘ーい！」**のです。

直訳でなく、点をとれ！

盲点❶ 直訳とれることと、点がとれることとは別問題

なのです。本番では問題処理能力が問われていて、古文を素早く確実に処理し、ムズカシイ現文に時間をまわして、なんとか**国語の総合点を一点でも高める**というせめぎ合いなのです。この素直な問題を見て「ホッ！」とした瞬間に、すでにして必要以上に時間をくってしまっているかもしれない（**たとえ正解できても！**）のです。直訳がとれようがとれまいが（**たぶん本番ではわからないところがあるよ！**）、とにかく基礎をふまえ、主語・目的語をつなぎ、指示語の対応をさぐり、話を作らずになんとか本文の客観的な文脈を**ザット**読みとれなければならないのです。
また、直前期になってから、時間を計って過去問をいちおう解いてみて、わりに設問の正答率が高くて「ホッ！」、みたいな**○×勉強**も、一般的ですよね。が、しかしこれまた**「甘ーーい！」**のです。

盲点❷ 落ちついた状況で、なんとなく正解できることと、本番の状況で確実に速く正解できることとは別問題

中間・期末だとけっこう点とれるんだけど、模試ではイマイチ！　実際の試験になると弱いのよネ！　どうすればいいんだろ!?

そういう人は、この盲点❶盲点❷が原因と思われます。本番は「いつもどおり」なのであって、みなさんの普段の勉強のスタンスが、如実《にょじつ》に総合点に反映される（つまり合否！）でしょう。

○×勉強は不要！

とは言っても、恐れることはありません。感情的な○×勉強を排し、**「何が問われているのだろうか?」という視点**をいつも意識し（今の○×よりも、本番こそできればいいワケだし！）、大学の**出題意図に沿った勉強**さえしていれば、まさに「いつもどおり」、本番でできるはず。良問を出題するみなさんの第一志望の大学こそ、みなさんを裏切らないはずです。つらい勉強を、結果に結びつけよう！　指示語の問題点を具体的に考えつつ、あわせて、勉強法の方針もイメージしてみてくださいね。

正しい本文読解の方法を身につければ、だれでも今よりもっと速くこの問題が解けるのです。つまり、大学側の出題意図に合わせて解きさえすればよいのです。出題意図が如実にでている選択肢のポイントを「横に」見てみましょう（第三講・実戦1！【⬇二四四ページ】）。

① 赤いものであるから、きっとあやしいものにちがいない。⊖
② 頭を射られたといっても、それほどひどい傷ではないだろう。⊕
③ 血がついているというが、そんな様子は見られない。
④ この場を立ち去らなければ、命を助けることは出来まい。⊖
⑤ 強盗が襲ってきても、決してお前を見捨てまい。⊕

原則

選択肢の現代語の終わりに、よく⊕・⊖がでている！

この選択肢も、終わりの部分にそれぞれ、良い意味⊕・悪い意味⊖が、ハッキリとでています。対応する傍線の後半部を見てみると、

けしう⊖ は あら⊖ じ （⊖＋⊖＝⊕）

形「けし」（悪イ）の用「けしく」のウ音便

助動 打消推量「じ」の終

「悪クハナイダロウ」、つまり二重否定の型で、㊉の「良い意味」になっています。次に、

原則

カッコ内の傍線は、第一に〝話し手（主語）がだれか？〟をおさえる！

という原則（原則[1]で考えてもらった主語・目的語だよね！）から、傍線のカッコがℓ.5「かたへのともがら（仲間の僧兵）」であることをおさえ、傍線が、傷ついた僧（ℓ.1「法師」）に対する「はげまし」(㊉！)であると考え、選択肢で㊀系の①④を即消しします。③の「そんな様子は見られない」という表現には、㊉・㊀がでていませんが、

原則

傍線のみにとらわれず、前後の対応に目をとばせ！

によって傍線前後の本文をさぐってみると、「ああ、楽勝！」、直前ℓ.7に仲間の心の中のセリフとして、「げに血なりけり（ナルホド、血デアルナア）」とあります（な、な、なんと答えが目の前に書いてある！）。暗くて仲間も誤解していて、「そんな様子」を確認しているので、③も即消しです。

②と⑤を残して、選択肢前半の違いを見てみると、傍線の対応部分、

㋚らんからに＝㋚あらんからに（ソウデアルカラト言ッテ）

に指示語がからんでいます。この指示語「さ（ソウ）」は、本文のどこを指しているでしょうか。実はこの本文処理が、この設問を〝速く解く〟秘訣なのですよ（あやしい公式で解けるんじゃないヨ）。

本文をご覧ください。ℓ.5〜ℓ.9が、法師と仲間の僧兵との「対話」になっています。これが古文の本文で〝試験によくでる点になる形〟で、

原則

「前後二人の対話」を見抜け！

という読解テクにまとまります。本当にカンタンなことで、現代語の次の例、

おバカなA君B君の例

A君「お前さぁ、あの噂《うわさ》知ってる？　C君とD子、つき合ってんだってよォ！」
B君「マジかぁ!?　ありえねぇー！　そー　なんだぁ!!」

指

と同じこと、つまり、「前後二人の対話でからむ指示語は、たいてい前のカッコ！　対話のカッコ相互の関係をさぐれ！」という、現代語ならば全く意識すらしないカンタンなことなのです。古文の入試で受験生が「、」で切って直訳する読みにこだわり、自分で文脈・対応をブチ切ってしまっていることに対し、大学側は、現代語と同様な「正常な読み」を期待しているからこそ、この対話パターンがよく問われるのだと思います。その大学側の期待に合わせる本文読解を今から練習していけばよいのです！

設問にもどりましょう。以上の視点で傍線「さらんからに」の本文対応を考えると、ℓ.5～ℓ.9は美しいぐらい、**「二人の対話」**になっていて、おバカな現代語の例文A君B君の会話と全く同じく、仲間のカッコの傍線の「さらんからに」は、直前ℓ.6の法師のカッコ「頭を射られたるぞ」をさしています。

②と⑤の選択肢で、⑤などは、一瞬「はげまし」としてもよさそうで迷うところですが、本文の指示語の対応をキッチリふまえている②（「頭を射られた」）が正解です。本番では、⑤で**一秒たりとも迷ってはならない**のです。⑤で迷うのは、選択肢だけ見て、なんとなくのイメージを頼りに選ぼうとするからです。その意味では、

迷わず即解！のために

❶ **基礎をふまえたら、選択肢は前後の本文と対応する何がしかの要素で考える。**

❷ **答えは、結局、本文の文脈が決める**（暗記系の〝公式〟とかではない！）。

という点が重要です。

我々は、設問の答えがでても安心せず、さらに掘り下げて、分析した要素から〝出題意図に合った読み〟を作っていきましょう（脱、○×勉強!!）。第一志望合格のために正解するのは当然として、本番では**速さ**が要求されるのです。

本番で速く確実に解くには、本文をどのように読んでいったらいいの？

指示語は常に意識！

〝試験によくでる〟という点で、指示語は、その**最右翼**です。そんなことはみなさんもわかり切っているとは思いますが、はたして普段の勉強にしっかりと反映されているでしょうか？「本番はいつもどおり」だとすれば、たとえ正解できたとしても、必要以上に時間をくわされてしまい、結果として国語の総合点を落としてはいないでしょうか。指示語が〝でるに決まっている〟ならば、**いつもいつも指示語の対応を意識**しておけばよいのです。

受験生の盲点として、

盲点③ 指示語を、設問できかれてから、全訳でさぐる

という点が指摘できますが、速さが要求される本番で、それでは**「遅い！」**のです。

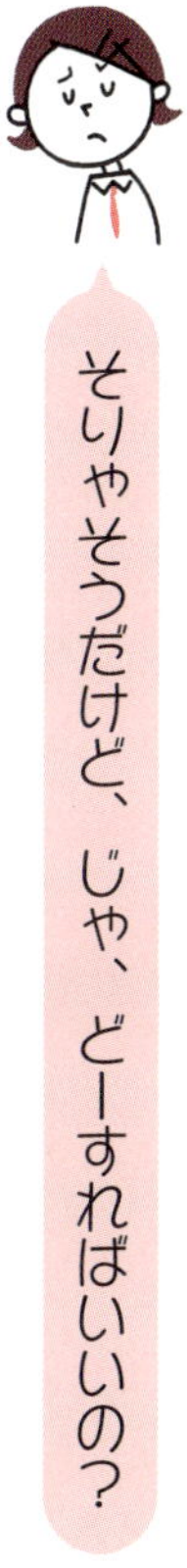

普段の勉強、たとえば現役生でしたら、学校の授業で、たとえ先生がおっしゃらない箇所でも、常に「この指示語、どこさしてる？」と考えておくことです。自分で問題を解くときや、模試の復習をするときなどに、設問の傍線にからまない指示語でも、**「どこ？ どこ？」**とさぐっておく（**全訳を活用！ 自分で〝発見〟できなくてもよい！ 古文に勉強時間をかけてはなりませぬ！ 英語にまわすべし！**）、といった学習スタンスが大切なのです。大きく全文の論旨において、すべての指示語を常に意識した読みを作ってゆきませう。

この立教の問題（**例題１**）の本文は、代表的な指示語の〝オン・パレード〟です。

暗記すべし！

❶ 試験によくでる指示語(1) ⬇ **「か・さ」は、副詞！**

● **か**（かく・かかる）　コノヨウナ（＝［this］と同じ）　cf. かかれば《コウナノデ》・かかれど《コウダケレド》

● **さ**（さる・さて）　ソノヨウナ（＝［that］と同じ）　cf. されば《ソウナノデ》・されど《ソウダケレド》

❷ 試験によくでる指示語(2) ⬇ **「こ・そ」は、代名詞！**

● **こ**　コレ

● **そ**　ソレ

❸ 試験によくでる指示語(3)

● **しか**（然）　副　ソウ　cf. しかるに（逆接、ソウデハアルケレド）

● **しかじか**
● **かうかう**　｝副　コレコレ　◎セリフのカッコをよく受ける！

普段からこれらの**指示語への反射神経を高めて**おいて、具体的な本文の主語・目的語のつながり（**文脈**）の中で、傍線のあるなしにかかわらず、本文対応を読みとってから、設問にとりかかるのです。

そういう目で、もう一度、この問題を見てみましょう。

ある所に強盗《がうだう》入りたりけるに、弓とりに法師をたてたりけるが、秋の末つかたのことにて侍りけるに、門のもとに柿の木のありける下に、この法師、片手矢はげて立ちたるうへより、うみ柿の落ちけるが、この弓とりの法師がいただきに落ちて、つぶれてさむざむに散りぬ。この柿のひややとしてあたるを、かいさぐるに、なにとなくぬれぬれとありけるを、「はや射られにけり」とおもひて、臆《おく》してけり。かたへのともがらに言ふやう、「はやく痛手を負ひて、いかにものぶべくも覚えぬに、この頸《くび》うて」と言ふ。「いづくぞ」と問へば、「頭《かしら》を射られたるぞ」と言ふ。さぐれば、なにとは知らず、ぬれわたりたり。手にあかく物つきたれば、「げに血なりけり」とおもひて、「さらんからにけしうはあらじ。ひきたてて行かん」とて、肩にかけて行くに、「いやいや、いかにものぶべくも覚えぬぞ。ただはや頸をきれ」と、頻《しき》りに言ひければ、言ふにしたがひてうちおとしつ。さて、その頭をつつみて、大和の国へ持ちて行きて、この法師が家になげ入れて、「しかじか言ひつること」とて、

ℓ.13「臆病」と対応示すヒントのキーワード

ℓ.13「臆病」の内容

指

指

※「前後二人の対話」を見抜け！

とらせたりければ、妻子《めこ》泣きかなしみて見るに、さらに矢の跡なし。「むくろに手ばしおひたりけるか」ととふに、「しかにはあらず。この頭のことばかりをぞ言ひつる」と言へば、いよいよかなしみ悔ゆれどもかひなし。臆病はうたてきものなり。さ程の心ぎはにて、かく程のふるまひしけんおろかさこそ。

（指）しか → 「むくろに手ばしおひたりけるか」
臆病 = ℓ.1〜ℓ.5
（指）さ = 死んだ法師（臆病から早合点）
（指）かく = ℓ.8〜ℓ.9法師カッコの「いさぎよさ」

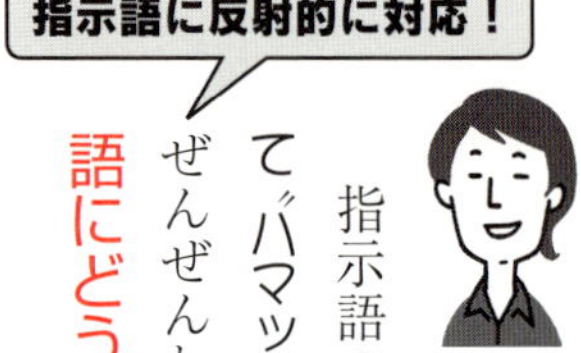

このように、大きく全文の本文対応を読みとってから設問にとりかかれば、先に見てもらった設問処理の〝速度〟が格段に、飛躍的に、上がるワケです（**だれでもネ**）。

指示語の対応関係をさぐるとき、設問できかれてから、傍線に引きずられて細かく考える（**すでにして〝ハマッ〟てるって！**）よりも、きかれる前から前後の文脈のつながりで読みとっておくほうが、実はぜんぜんわかりやすいのです。日々の勉強で大切なことは、この設問の○×よりも、**普段から、指示語にどうアプローチしているか**、ということなのです。

原則

いつも、本文の具体的な主語・目的語のつながりの中で、指示語の反射神経を高めよう！

常に指示語を意識し、具体的な本文対応を確認する勉強を数多くこなしておけば、「いつもどおり」の本番で、本文対応が多少ゴチャゴチャしていても、**何とかイケる！** のです（いつもいつも指示語を考えていなかったら、本番で〝スカッ！〟とできなくて当たり前だよ！）。

試験にでる！ 単語・文法・熟語

ℓ.2「うみ柿の落ちける」
⬇「の」は、同格の格助詞（～デ）

5「かたへ」名 ⬇ソバ

5「痛手」
●手 名 ⬇筆跡・曲・傷

7「げに血なりけり」
●げに 副 ⬇ナルホド・モットモダ
●けり 助動 ⬇セリフ・和歌の中の「けり」は詠嘆（～ダナア）が多い！

11「さらに矢の跡なし」
●さらに ⬇〈副＋否定〉全ク～ナイ

13「悔ゆ」ヤ・上二 ⬇後悔スル

13「うたてき」
●うたてし 形 ⬇イヤダ・情ケナイ

全文訳

あるところに強盗が入ったので、警固のために法師（僧兵）を立てたところ、秋の末（九月）のことでありまして、門のそばに柿の木があったその下で、この法師が、片手に弓に矢をつがえて立っていたその上から、熟した柿で落ちてきた柿が、この警固役の法師の頭の上に落ちてきて、つぶれてさんざんに飛び散った。この柿がひんやりしてあたるのを、手でさぐると、何となくヌルヌルとしていたので、法師は「すでに頭を射られてしまった」と思って、おじ気づいた。法師が、そばにいた仲間に言うには、「すでに重傷を負って、何とも命をのばすことはできないと思うので、この首を打ってくれ」と言う。仲間が「どこをやられたのだ」と問うと、法師は「頭を射られたのだ」と言う。仲間がさぐってみると、（暗いので）何とはわからず、一面にぬれている。手に赤く何かの物がついたので、仲間は「なるほど血であるなあ」と思って、「そうであるからといってそんなにひどくはないだろう。連れて行こう」と言って法師を肩にかついで行こうとすると、法師が「いやいや、何とも命をのばすことはできないと思う。ただもう首を切れ」としきりに言うので、仲間は法師が言うのに従って首をおとした。そうして仲間はその頭をつつんで、大和の国へ持って行って、この法師の家に投げ込んで、「このように、法師は言っていた」と言って、首をやったので、法師の妻子は泣き悲しんで見たけれど、全く矢の跡がない。「胴体に傷を負ったのか」と仲間にきくと、仲間は「そうではない。この頭のことだけを言っていた」と言うので、妻子はますます悲しんで後悔するけれど、もうどうしようもない。臆病は、いやなもの（情けないもの）である。臆病な法師ほどの覚悟で、こんな潔いふるまいをしたというおろかさであるよ。

本番の実態をさらに見てください（ゴチャゴチャしていてかなりヤバイ！　っス！）。

例題2

次の文章は、江戸時代後期に生きた武家の女性が書いた日記の一節である。これを読んで、問いに答えよ。

*二十一日。来む*二十《はたち》まり九日の日は、*故あるじの身罷《みまか》られし日にて、今年十年《ととせ》まり七年《ななとせ》になむなれれば、*後《のち》のわざせむとするに、その頃《ころ》は*公事《おほやけごと》さし合ひぬべかめれば、明日*御法《みのり》おこなはせむと定めたりと聞く。一日《ひとひ》*強飯《こはいひ》ほどこし、今日は夕食《ゆふげ》ととのへ、仏に供へ、かつ下郎までにつかはす。いでやはかなくも月日のたちけるかな。そのかみ、このぬし病によりて仕へをかへし奉り、いたはりおこたりなば、今は心やすうはかなき楽しみをもせむ、とものせられしかど、そのいたつきつひにおこたらで、篤《あつ》しうなれるほど、かくてはえ生くべくもあらず、いかにかせまし、とて憂ひ嘆かれしを、かたへに聞く心地、え堪へがたかりしが、かの昔の人も「*きのふ今日とは」と詠めりしごと、たれもかぎりとなり、心地たがひて人事を知らざらばこそあらめ、さなからむには、これにまさる悲しさもあはれさも、えあるまじければ、ことわりと思ふものから、〜（略）〜

『井関隆子日記』〈センター本試〉

（注）*二十一日——天保一三年（一八四二）二月二一日。この春、筆者は五八歳。
*二十まり九日——二九日。「まり」は「余り」の意。
*故あるじ——筆者の亡夫、井関親興。親興の没後、井関家は子の親経が跡を継いでいる。
*後のわざ——亡夫の法事。　*公事——公務。　*御法——法事。
*強飯——蒸したもち米。葬儀や法事のときに親類や知人などに配る習慣があった。
*「きのふ今日とは」——『伊勢物語』一二五段の、「昔、男、わづらひて、心地死ぬべくおぼえければ」に続く歌。
「つひに行く道とはかねて聞きしかどきのふ今日とは思はざりしを」。

問　傍線部「さなからむには、これにまさる悲しさもあはれさも、えあるまじければ」の解釈として最も適当なものを、次の中から一つ選べ。

①この世に執着があるならば、死ぬことにまさる悲しく耐えがたいことはありえないので
②死の覚悟がないとしたら、この世との別れにまさる悲しくさびしいことはありえないので
③人生経験が浅ければ、死刑にまさる悲しく心の痛むことはありえないので
④意識がはっきりとしているならば、死にまさる悲しくせつないことはありえないので
⑤信仰心がなかったら、死を迎えることにまさる悲しくわびしいことはありえないので

実際にこの年受験した人たちの状況として**「時間くったわりに、できなかった」**設問です。私も「追試ならわかるけれど、このゴチャゴチャで本試かあ！」と思ったのを覚えています。

五〇点中七点配点の設問（**センターは、一問の配点デカイからこわいよネ**）なのですが、ヤバイのは、この設問の処理が**〝本番で時間くう〟こと**なのです。

傍線部を見てみると、気になるのは、指示語「さ」と、「えあるまじければ」の部分の文法です。選択肢のポイント的に、この設問は単純なポイントで切れてはいなく（**原則1の、センターの設問選択肢と比較してみてネ！**）、それぞれの選択肢を吟味しなくてはなりません。特にハッキリしているのは、選択肢の前半（指示語「さ」の対応）で、

問　傍線部「さなからむには、これにまさる悲しさもあはれさも、えあるまじければ」の解釈として最も適当なものを、次の中から一つ選べ。

① この世に執着があるならば、死ぬことにまさる悲しく耐えがたいことはありえないので
② 死の覚悟がないとしたら、この世との別れにまさる悲しくさびしいことはありえないので
③ 人生経験が浅ければ、死刑にまさる悲しく心の痛むことはありえないので
④ 意識がはっきりとしているならば、死にまさる悲しくせつないことはありえないので
⑤ 信仰心がなかったら、死を迎えることにまさる悲しくわびしいことはありえないので

と、かなり具体的な細かいきき方がされているので、迷います。しかし本文を「いつもどおり」**〝傍線に引きずられず前後の対応さぐれ〟**で見ておけば、傍線部「さなからむには（ソウデナイトシタラ）」の「さ」と、傍線部の直前、ℓ.8「たれもかぎりとなり、心地たがひて人事を知らざらばこそあらめ」との〝つながり〟が単純に見えます。

●「さなからむには」
●「たれもかぎり〜こそあらめ」（臨終で、人事不省、意識なくてワケワカラナイ）

ここでやっかいなのは、「さなからむには」の、「なから（形「なし」の未。〜ナイ）」で、「ソウデハナイ」、つまり、**意味上二重否定**になっていて、そうとうに**ゴチャゴチャ**している点です。指示語「さ」の内容をふまえ、

指示語を文脈で読め！

・「さ」＝意識がない

↓

・「さなからむ」＝意識がなくないとしたら ⇩ 意識があったとしたら

と、細かく本文対応を読みとらねばなりません。選択肢は複合的なポイントごとに切れていないので、「さ」に関し、一つ一つの選択肢を個別に見ればよく、本文の対応を根拠に素直に④を選べばよいのです（**たとえば、「まじけれ」の判別は、大学側がきいていない、つまり選択肢が切れていないので、文法的にわからなくても大丈夫だよ！**）、**が、**それでも、かなり細かいですよね。選択肢もそうとう細かく具体的ですから、「選択肢のみ見て、イメージで選ぶ」なんてことをすれば、逆に本番で**「腕組みして長考」**となってしまうことは、火を見るより明らかです。

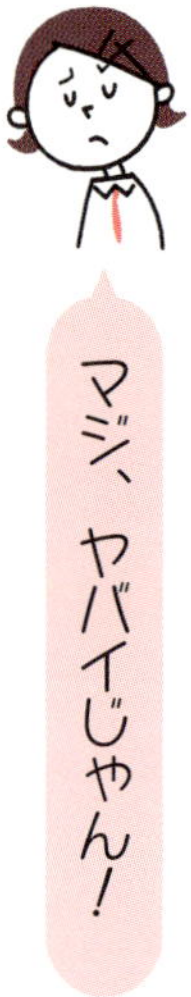

そーです。**ビビってください**。だからこそ、今年第一志望を目指して本番に立ち向かっていくみなさんにとって大切なことは、今、現段階でこの設問ができるか・できないか、ではなく（**○×勉強は、**

本番頂点！

「今とりあえず安心したい」だけだよね！　重要なのは「本番でいかにできるか」です！）、本番レベルできかれることをしっかりと認識し、明日からの勉強に生かすことです。ですから、**指示語をいつも意識**し、具体的な文脈で対応をさぐる勉強を数多くこなしておきましょう。そうすれば、たとえ、このセンターの設問を今まちがえたとしても、本番で、全く別の文脈でも、対応のパターン（たとえばカッコ・対話がらみ、とか！）は同じはずですから、「いつもどおり」に対応をつかめるはずなのです。

今の〝ビビリ〟をうまく生かし、大学側の出題意図に沿った勉強さえしておけば、**本番は恐るるに足りない**のです（まさに「本番頂点」！）。

試験にでる！　単語・文法・熟語

ℓ.1「身罷られし」
- **みまかる** ㊕ ⇩死ヌ
- **れし** 助動 尊敬「る」の㊐＋過去「き」の㊍

1「なむなれれば」
- **なむ** 係助 強意
- **なれ** ㊕「なる」の㊋
- **れ** 助動 完了「り」の㊋
- **ば** 接助

⇩～ニナッタノデ

2「さし合ひぬべかめれば」

「べかるめれば」⇩「べかんめれば」⇩「べかめれば」（撥音便《はつおんびん》の無表記。二二一ページ参照）
- **さし合ひ** ㊕「さし合ふ」の㊐
- **ぬ** 助動 強意「ぬ」の㊎
- **べか** 助動 推量「べし」の㊍「べかる」
- **めれ** 助動 推量「めり」の㊋
- **ば** 接助

⇩当タッテシマイソウナノデ

4「そのかみ」名 ⬇昔

5「おこたりなば」⬇治ッタナラバ

●おこたる 四 ⬇病ガ治ル

●なば 助動 完了「ぬ」の 未 ＋ 接助「ば」

⬇シテシマッタナラバ

5「ものせ」

●ものす サ変 の 未（代動詞）

6「いかにかせまし」

⬇～シヨウカシラ（〈疑問＋まし〉⬇「ためらい」の「まし」！）

⬇ドウシタラヨイダロウカ

9「ことわり」名 ⬇道理

⬇cf. ことわる 四 説明スル（「オ断ワリスル」ではない！）

全文訳

二月二一日。来たる二九日は、亡夫の亡くなられた日で、今年で一七年になったので、一七回忌の法事をしようとするけれど、二九日頃は、（法事をとりしきる）息子が公務に当たってしまいそうなので、明日に法事をさせようと決めたと私は聞く。一日、強飯《こわいい》を作り、今日は夕食を整えて、仏に供え、その一方で仕えの者にまでふるまう。いやまあ、はかなくも月日がたったことだ。昔、夫が病によって公務をお上に返上し申し上げ、「病を養って治ったならば、そのときは気楽にちょっとした楽しみの道楽でもしよう」とおっしゃっていたけれど、その病は結局治らないで、重くなったときに、「こんな状態では生きながらえることもできない、いったいどうしたらよいだろうか」と言って嘆きなさっていたのを、そばで妻として聞いている私の気持ちは、たえがたかったけれども、あの昔の人（伊勢物語のモデル・在原《ありわらの》業平《なりひら》）も「（自分が死ぬのが）きのう今日のこととは（思ってもみなかった）」と詠んだように、だれでも臨終のときとなり、病状が重くなって意識がなくなったならそれはそれでよいけれど、意識がはっきりとしているならば、死にまさる悲しくせつないことはありえないので、もっともなことだと思うけれど、～

なぜ指示語がよくでるのでしょうか？　単純明快に言えば、

原則

指示語は〝本文の対応関係〟をさぐる〝手がかり〟！

指示語を読解の手がかりに！

だからなのです。本文の客観的な文脈をききたい大学側からすると、**指示語が媒介している〝本文の文構造〟**をききたいワケで、だからこそ指示語は〝試験によくで〟て、配点も高いのです。

原則

指示語の範囲を広げよう！

と認識すれば、対応をさぐる受験生の負担は、より軽くなるのではないでしょうか？

たとえば、次の問題を見てみましょう。

例題3

次の文章を読んで、後の問いに答えよ。

今は昔、大和《やまと》の国に長者ありけり。家には山を築き、池を掘りて、いみじきことどもを尽くせり。

門守《かどまぼ》りの女の子なりける童《わらは》の、真福田丸《まふくたまろ》といふありけり。春、池のほとりに至りて、芹《せり》を摘みけるあひだに、この長者のいつき姫君、出《い》でて遊びけるを見るに、顔かたちえもいはず。これを見てより後《のち》、この童、おほけなき心つきて、嘆きわたれど、かくとだにほのめかすべき便りもなかりければ、つひに病になりて、その事となく臥《ふ》したりければ、母怪しみて、その故をあながちに問ふに、童、ありのままに語る。すべてあるべきことならねば、わが子の死なんずることを嘆くほどに、母もまた病になりぬ。〜（略）〜

『古本説話集』〈駒澤大・文〉

問 傍線部「あるべきことならねば」（あってはならないことなので）とあるが、なぜあってはならないことなのか。その理由として最も適当なものを、次の①〜⑤の中から選べ。

① 果ては病になってしまうほどの恋心を童がいだいていたから
② 身の程をわきまえない恋心を童がいだいていたから
③ 童の年齢は恋をするにはあまりにも幼かったから
④ 童のもの言いが母にはあまりにもおぼつかないものに思われたから
⑤ 童の心労は母をひどく苦しませるものであったから

この問題が、指示語をさぐるのと同じ感覚でアプローチできれば、正解の本文根拠をさぐる方法がより単純化できるのです。具体的に設問で考えてみましょう。

傍線部「あるべきことならねば（アッテハナラナイコトナノデ）」は、熟語っぽい表現なので、直訳はそんなに難しくないですよね。でも、この直訳では正解を選べません。設問は「なぜですか？理由は？」ときいています。

「直訳」では解けない！

みなさんは無自覚ですが、高い日本語能力を持っていて、本文の訳せないところを、無理やり話を作って読んだりしています（〝話を作る〟なんて、日本語的にそうとう高級な能力なんですよ！ 客観性が問われる入試ではヤバイんだけどネ！）。たいていの受験生はその能力に物を言わせ、きかれている「理由」を、なんとなくの本文イメージで作ってしまい、イメージ的に選択肢を選ぼうとしてしまいます。

ですからこの手の設問を解くにあたって、「ピンときたらできて、ピンとこないとできない」という状態になってしまうのです。大学側はもちろんそんなあやしげなことをきいているのではなく、「理由」としてききつつ、やはりハッキリと〝本文の文構造の対応〟をきいているのです。そこで、

> **原則**
>
> **「説明・理由」を自分で作らず、傍線の対応に目をとばせ！**

とおさえれば、この設問も指示語のアプローチと同様に解けてしまうのです。

傍線の動詞は、毎度おなじみのラ変「あり」です。カンタンな初歩の動詞ですが、奥が深く、物事の「存在・状態」を表す、という点では、英語のbe動詞と似ています（英語では時制なんかもからんでそうとうムズカシイっすよね！ 古文はカンタンです！）。つまり、この設問のように、傍線によくからむラ変動詞（あり・をり・侍り・いまそがり）も、あたかも指示語のように、

ラ変動詞も指示語のように！

この本文の文脈で、この主語にとって、

- **どんな存在？**
- **どんな状態？**

と考えて対応をさぐればよいのです。**ラ変動詞も指示語っぽく**対応関係を前後の本文からさぐっちゃえ！　というワケです。

じゃ、この設問なら、どう考えればいいの？

本文は、前半部分のみの抜粋ですが、この後には「姫と童の恋（仏教がらみで！）」というありがちな話が続きます。英語や現代文（論説文）と比べると、古文は、**しょせん「人情話」が主体**です。そこが受験生のねらい目で、

原則

古文は、しょせん、人情話！

- **論理性は低い**（つまり、カンタン！「三段論法」なんて古文ではありえない）**！**
- **メインの登場人物は、せいぜい二〜三人！**

となり、よくでる恋愛話などは、この最たるものです（男と女、二人！）。この本文でも、男の「童」が、

身分違いの恋！

ℓ.2の部分で「同格」の強調によって説明され（「門守りの女の子なりける童」、つまり身分低い！）、「姫（身分高い！）」との恋に悩む（ℓ.4「おほけなき心（ダイソレタ心）」は暗記系ではないが）、という大筋をつかむのはカンタンです（要するに、「恋の病」なワケよ！）。ℓ.1〜ℓ.7の文脈をザットふまえて、傍線部を見てみると、ラ変「ある」があり、これを指示語のようにアプローチし、ℓ.1〜ℓ.7の本文との対応で「何が、アッテハナラナイのか？」と考えれば、「童と姫との身分違いの恋」以外に強い文脈はないのです（くれぐれもイメージで話を作るな！〝妄想族《もうそう》〟になってはいけませぬ！）。

選択肢は、例題2の設問と同じタイプで、一つ一つ見なければならないのですが、逆に、本文対応さえつかめれば即答できちゃうワケで、本文を、

今は昔、大和《やまと》の国に長者ありけり。家には山を築き、池を掘りて、いみじきことどもを尽くせり。門守《かどまぼ》りの女の子なりける童《わらは》の、真福田丸《まふくたまろ》といふありけり。春、池のほとりに至りて、芹《せり》を摘みけるあひだに、この長者のいつき姫君、出《い》でて遊びけるを見るに、顔かたちえもいはず。これを見てより後《のち》、この童、おほけなき心つきて、嘆きわたれど、かくとだにほのめかすべき便りもなかりけれ

母！

同格

で

「同格」が「童」を強調！

♥「恋」！

トンデモナイ心（身分差！）

ば、つひに病になりて、その事となく臥《ふ》したりければ、母怪しみて、その故をあながちに問ふに、童、ありのままに語る。すべてあるべきことならねば、わが子の死なんずることを嘆くほどに、母もまた病になりぬ。

＝
※ラ変動詞を指示語っぽくアプローチ！
「ℓ.1〜ℓ.6で強い文脈は？」⬇身分違いの「恋」!!

と目をとばし、選択肢を照らし合わせれば、

問 傍線部「あるべきことならねば」（あってはならないことなので）とあるが、なぜあってはならないことなのか。その理由として最も適当なものを、次の①〜⑤の中から選べ。

作るな！ 対応に目をとばせ！

① 果ては病になってしまうほどの恋心を童がいだいていたから

⬆文脈にある！ ひっかけ！

② 身の程をわきまえない恋心を童がいだいていたから

⬆「身分差」を言っているのはこれのみ！

③ 童の年齢は恋をするにはあまりにも幼かったから

④ 童のもの言いが母にはあまりにもおぼつかないものに思われたから

⑤ 童の心労は母をひどく苦しませるものであったから

正解は、②！　本文対応を指示語っぽくアプローチして根拠にすれば、ほかの選択肢で全く迷わなくてすむはずです（**選択肢のみ見て、イメージで選ぶと、「①」にしちゃったりするよネ！**）。「理由」を自分で本文のイメージから作ってはいけません。〝対応関係〟として本文からさぐってみてください。

指示語の範囲を広げよう！

❶ **ラ変動詞**（あり・をり・侍り・いまそがり）
⬇この文脈で、どーゆー存在？　状態？　◎アプローチの視点

❷ **時・季節を表す表現**
（たとえば、よくでる連体詞「ありし・ありつる（サッキノ・以前ノ）」なども直訳とって安心せず）
⬇この文脈で、サッキ・以前って、いつ？

❸ **副詞「げに」**（ナルホド・モットモダ）
⬇この文脈で、この人にとって、何がナルホド？　◎たいてい「げに」の前に対応あり！

❹ **さまざまな用言**（動詞・形容詞・形容動詞）
（たとえば、形容詞「めでたし（スバラシイ⊕）」なども直訳とって安心せず）
⬇この文脈で、この人にとって、何がスバラシイのか？

と考えて、前後の具体的な強い対応をさぐる！　という観点をつかみ、具体的にさまざまな本文で、自力で対応をさぐろうとしてみてください。

本番で求められているのは、

基礎をふまえ、具体的な主語・目的語のつながり（文脈）の中で、いつも指示語を意識し、本文全体の対応関係をさぐる〝読み〟

なのです（徐々にでいいから、「、」で切らずに大きく本文全体を見る〝読み〟を作っていきませう!!）。

試験にでる！　単語・文法・熟語

ℓ.1「いみじき」形「いみじ」の体　⬇タイソウ〜ダ

1「尽くせり」
●尽くせ　四「尽くす」の已
●り　助動　完了「り」の終

3「かたち」名　⬇容姿

3「えもいはず」熟　⬇ナントモ言エズ〜ダ

4「おほけなき」形「おほけなし」の体　⬇トンデモナイ　一

5「あながちに」副　⬇無理ニ

6「死なんずる」⬇死ニソウデアル
●死な　ナ変「死ぬ」の未
●んずる　助動　推量「むず」の体（「ん」については二二一ページ参照）

全文訳

今は昔のことであるが、大和の国に長者がいた。家には（庭に）築山《つきやま》をつくり、池を掘って、すばらしく家を飾りたてていた。門番の女の子どもである童で、真福田丸という童がいた。春、池のほとりに行って、芹を摘んでいるときに、この長者のかわいがっている姫君が、池に出て遊んでいたのを童が見ると、姫君の容姿はなんとも言えず美しい。これを見て以後、この童は、身分不相応のとんでもない恋心がついて、ずっと嘆き続けたけれど、こうですと姫君にほのめかすことができる手段もないので、童はついに病になって、特になんということもなく臥《ふ》せっていたので、母（門番の女）があやしんで、その理由を無理に問うと、童は、ありのままに語る。全くあってはならないことなので、我が子が死にそうなことを嘆いているうちに、母もまた病になった。〜

原則
3

順接・逆接は〝命〟！

――本文の⊕・⊖を大まかにさぐれ！「、」で文を切るな！――

順接・逆接は、よくでる出題意図！本文の読みで、常に順接・逆接をさぐれ！

順接・逆接は、**文章を絶対的に規定する〝骨格〟**です。直訳をとろうとあせってばかりいると、「、」で文章のつながりを切ってしまい、順接・逆接の語感を殺してしまうのです。直訳という目先の安心のために、**〝自分で自分の首をしめる〟**ような読みをしていませんか？

まずは、順接・逆接の原則を確認しましょう。
一般的な意味として、良い意味を⊕、悪い意味を⊖とすると、

現代語も古文も骨格は同じ！

◆古　文◆

順接

・⊕なので、⊕。
・⊖なので、⊖。

逆接

・⊕だけれど、⊖。
・⊖だけれど、⊕。

◎すべての文章が⊕・⊖であるわけではないので注意！

文章の接続として模式的に考えると、このようになります。**順接・逆接は文章の〝骨格〟**となる大切な概念ですが、べつに古文のお勉強だからといって難しく考えなくてもよいのです。古文はもちろん現代日本語の昔の形であり、〝骨格〟自体は現代語でも同じです。

◆現代語でも◆

順接

・勉強した⊕ ので、試験できた⊕。
・勉強しなかった⊖ ので、試験できなかった⊖。

◎順接ならば、前後の⊕・⊖が一致！

逆接

・勉強した⊕ けれど、試験できなかった⊖。
・勉強しなかった⊖ けれど、試験できた⊕。

◎逆接ならば、前後の⊕・⊖が逆！

現代語の日常会話だったら意識すらせずに、前後の⊕・⊖を類推できるでしょう。たとえばこんなシチュエーション、中間期末試験の直後、怠け者のAさんが、

「私、勉強した⊕ のに(逆) なあ。」

とひとこと言っただけで、クラスメートは笑い出すでしょう。この表現、実は、逆接の後半が全く省略されていて、なかなか文法的にムズカシイのですが、我々は現代語ならば語感として**順・逆の反射神経**がすでに養われているので、「Aさんは、⊖試験できなかった」という後半の省略に瞬時に反応し、みんな**「ニヤッ」**となるワケなのです。

古文でもそれは全く同じ！　にもかかわらず、受験生は「、」で切って直訳とろうと必死、つまり、**順・逆をブッタ切って**本文を読んでいるのです。現代語と同じ語感を、古文でも意識していこう。

問題分析で力を培《つちか》おう！

もちろん、古文の基礎事項を学習するうえで、本文の細かな品詞・活用を確認するのは大切です。しかし、本番でも依然としてその読み方をしていては、点数・時間配分の両面で**〝自殺行為〟**なのです。要するに、〝基礎の学習から、大学側の**出題意図に合った読み**への転換をどーするか？〟という問題なのですね、これは。まあ一種の〝巣立ち〟みたいなもので、だれしも少なからず不安が伴うものなのです。私が考えまするに、みなさんの不安を解消するには、実際に近い将来解けねばならない**第一志望レベルの問題分析**こそが重要なのです。では、学校の先生がミッチリと教えてくださった基礎をふまえてどのように古文を読んでいったらよいか、一緒に考えてみましょう！

例題1

次の文は本居宣長が『源氏物語』について論じたものである。よく読んで後の問いに答えよ。

こころの物語書《ふみ》どもの中に、この物語（源氏物語）はことに優れてめでたきものにして、おほかた先にも後にも類《たぐひ》なし。まづ、これより先なる古《ふる》物語どもは、何事も、さしも深く、心を入れて書けりとしも見えず。ただ一わたりにて、或るは珍らかに興あることをむねとし、おどろおどろしきさまのこと多くなどして、いづれもいづれも、もののあはれなる筋などは、さしも細やかに深くはあらず。また、これより後のものどもは、狭衣などは、何事も、もはらこの物語のさまを習ひて、心を入れたりとは見ゆるものから、こよなくおとれり。その他も皆異なることなし。ただこの物語ぞ、こよなくて、殊に深く、よろづに心を入れて書けるものにして、すべての文詞のめでたきことは、さらにも言はず、〜（略）〜

『玉の小櫛』〈上智大・文〉

問 傍線部はどのような意味か。

① 心を込めて作っているらしいから、ほんのわずかの劣り方だ。
② 入念に作っているようだから、まったく劣る点がないといえる。
③ 気持を打ち込んで作っているように見えるが、少々劣っている。
④ 丹精して作っているとは思うけれども、できばえは甚だしく劣っている。

とかビビってませんか? 実は、いわゆる難関大のほうが、一見ムズカシソーでも**出題意図がクッキリ、ハッキリ**していて、見抜いてしまえばカンタン! というパターンが大好きです（志望校を上げるべし!）。恐れず前進!

傍線部には、基礎単語「ものから」が真ん中に〝**ビシッ**〟とからんでいます。文法的には曲者《クセモノ》で、

基礎 **ものから** 接助

❶ **逆接** **〜ダケレド**
❷ **順接**（江戸時代の誤用） **〜ノデ**

❶の逆接が基本的な用法なのですが、江戸時代の誤用で❷の順接もあります。しかも、この問題の出典は、江戸中期、「もののあはれ」の源氏物語研究で有名な本居宣長《もとおりのりなが》（バリ〝右翼〟！）『玉《たま》の小櫛《おぐし》』で、傍線部の「ものから」が順接なのか逆接なのか、文法的には考え込むところです。

そーゆーときはサッサと**本文の文脈を素直に見る**のです。

傍線部の後半にはやはり基礎、完了・存続の助動詞「り」がからみ、

基礎はしっかりおさえる！

「おとれ り」〔劣っている㊀〕

（おとれ：四「劣る」の已　り：存続「り」の終（〜シテイル））

の品詞分解はチョロイっすね（やっぱ基礎が大切だネー！）。傍線部前半「心を入れ」は「熱心ニ〜スル」で㊉の意味が基本ですから、先に見た**順・逆㊉㊀の原則**から、「ものから」がちゃんと**逆接**で使われていることは楽勝つかめます。この点、選択肢はどーなっているか照らし合わせてみると、

①心を込めて作っているらしいから、ほんのわずかの劣り方だ。

②入念に作っているようだから、まったく劣る点がないといえる。

③気持を打ち込んで作っているように見えるが、少々劣っている。㊀

④丹精して作っているとは思うけれども、できばえは甚だしく劣っている。㊀

美しいくらいにポイントが切れていて、現代語で順接を表す「から・だから」の①②は、この吟味だけで**即消し**です（順・逆は、絶対的なのです）。③の「見えるが」の「が」は、現代語で単純接続もありえるので残します（**ヒステリックに消そうとしなくてよい！〝疑わしき〟は残してほかのポイントで見ればよい！**）。③と④の違いは選択肢の後半です。違いがわかりますか？

③も④も、㊀系で、一瞬同じようですが、

③ 少々（弱）劣っている。
④ 甚だしく（強）劣っている。

という「**強い・弱い**」で選択肢が作られています。

原則

出題者は本文の文脈を「強く」または「弱く」表現して選択肢を作る！

㊀系という点では、ともに本文の文脈に合っていますから、迷いそうですが、落ち着いて再び本文を見てみると、「**こよなく**（形）「こよなし」の（用）。コノ上ナク～ダ）」があるではないですか（**やっぱ〝答えは本文にあり〟だよネ**）。

この形容詞「こよなく」の意味（**暗記系の単語ではないが、現代語にもそのまま残っている言葉だよ**）

から、③と④で「強い」④を即答します（ネッ、上智っていっても、楽勝解けるよ。もう一度言わせてください、志望校を上げるべし！）。

以上の分析から、

原則

基礎をふまえつつ、「、」で切らずに、大まかに本文の⊕・⊖をさぐれ！

ということが大切だ、とわかります。

原則[2]では、指示語の問題点とあわせて〝問題分析を普段の勉強に生かす〟という学習上の視点を考えてもらいました。

原則[3]の順・逆の分析も同じです。いつも古文の文章を読むときに、右の原則を頭から離さず、〝⊕・⊖のつながり〟を意識して、具体的な本文にたくさんあたってください。ある程度の量をこなせば（**それはもちろん復習として、数多くの具体例からつかんでいこう！**）、自然と、無理なく、「、」で切らない読みが身につくと思います。〝巣立ち〟は意外にカンタンなのです。

上智の問題では、傍線部に逆接を示す基礎単語「ものから」が入っていたので、設問が順・逆をきいているのがスグにわかりました。しかし、入試本番の実態では、傍線・空欄には直接的に順・逆の単語・文法がからまず、その前後にからむ、つまり、「実は順・逆をきいている設問」が多いのです。

試験にでる！　単語・文法・熟語

ℓ.1「ここら」

●ここら
●そこら　副 ⇒ 多クノ（「ココラ辺・ソコラ辺」ではない！）

1「ことに」副 ⇒ 殊《こと》ニ・特ニ

2「さしも～ず」熟 ⇒ タイシテ～ナイ

3「むねと」副 ⇒ 中心ダ

3「おどろおどろしき」形「おどろおどろし」の体 ⇒ 大ゲサダ

4「もののあはれ」名 ⇒ 物事ノ情趣・趣キ深サ ＋

5「もはら」副 モッパラ・ヒタスラ

6「心を入れ」⇒ 熱心ニ～スル ＋

6「ものから」接助 逆接 ⇒ ～ダケレド

7「こよなく」形「こよなし」の用 ⇒ コノ上ナイ

8「さらにも言はず」熟 ⇒ ～ハ言ウマデモナイ

全文訳

多くの物語の中で、この物語（源氏物語）は特にすぐれてすばらしいもので、全く先にも後にも例がない。まず、源氏物語以前の古物語などは、何事においても、そんなに深く熱心に書いているとは思われない。ただひととおりに書いているだけで、あるものは珍しくおもしろいことを中心とし、大げさなことが多かったりして、いずれも物事の情趣の点では、たいして細やかで深くはない。また源氏物語以後のものは、狭衣《さごろも》物語などは、何事も、ひたすらこの源氏物語の様子をまねして、熱心に書いているとは思われるけれど、この上なく劣っている。そのほかの物語も、みな大して特筆すべきことはない。ただこの源氏物語こそが、この上なく、特に深く、さまざまに熱心に書いているものであって、全く表現のすばらしいことは言うまでもなく、～

ここで、〝リアル〟なセンターの過去問を分析！

例題2

次の文章は『栄花物語《えいが》』の一節である。藤原伊周《これちか》・隆家兄弟は、藤原道長との政争に敗れて、伊周は播《はり》磨《ま》に、隆家は但馬《たじま》に配流《はいる》されている。これを読んで、後の問いに答えよ。

はかなく秋にもなりぬれば、世の中いとどあはれに、荻《をぎ》吹く風の音も、遠きほどの御けはひのそよめきに、おぼしよそへられにけり。播磨よりも但馬よりも、日々に人参り通ふ。北の方の御心地いやまさりに重りにければ、ことごとなし。「*帥《そち》殿今一度見奉りて死なむ死なむ」といふことを、寝てもさめてものたまへば、*宮の御前もいみじう心苦しきことにおぼしめし、この*御はらからの主たちも、「いかなるべきことにか」と思ひまはせど、なほ、いと恐ろし。北の方はせちに泣き恋ひ奉り給《たま》ふ。見聞き奉る人々もやすからず思ひ聞こえたり。

播磨にはかくと聞き給ひて、「いかにすべきことにかはあらむ。事の聞こえあらば、わが身こそはいよいよ不用のものになりはてて、都を見でやみなめ」など、よろづにおぼしつづけて、ただ、とにかくに御涙のみぞひまなきや。「さばれ、この身は、またはいかがはならむとする。これにまさるやうは」とおぼしなりて、「親の限りにおはせむ見奉りたりとて、おほやけもいとど罪せさせ給ひ、神仏もにくませ給はば、なほ、さるべきなめりとこそは思はめ」とおぼしたちて、夜を昼にて上り給ふ。

さて、*宮の内には事の聞こえあるべければ、この西の京に西院といふ所に、いみじう忍びて夜中におはしたれば*上も宮もいと忍びてそこにおはしましあひたり。この西院も、*殿のおはしまし折、この北の方の、かやうの所をわざと尋ねかへりみさせ給ひしかば、その折の御心ばへどもに思ひてもらすまじき所を、おぼしよりたりけり。母北の方も、宮の御前も、御方々も、殿も見奉りかはさせ給ひて、また、いまさらの御対面の喜びの御涙も、いとおどろおどろしういみじ。上は、かしこく御車に乗せ奉りて、おましながらかきおろし奉りける。いと不覚になりにける御心地なりけれど、よろづ騒がしう泣く泣く聞こえ給ひて、「今は心安く死にもし侍《はべ》るべきかな」と、よろこび聞こえ給ふも、いかでかはおろかに。あはれに悲しとも世の常なりや。

〈センター本試〉

（注）*帥殿――伊周のこと。　*宮の御前――伊周の妹、中宮定子。
*御はらからの主たち――北の方の兄弟。　*宮の内――中宮定子の居所。
*上――伊周の母、北の方のこと。　*殿――伊周の父、故藤原道隆のこと。

問　傍線部「その折の御心ばへどもに思ひて」の解釈として最も適当なものを、次の①～⑤のうちから一つ選べ。

① 西院の人々は、北の方が隠れ家として準備していたことに遠慮して、
② 西院の人々は、道隆と北の方が住んでいたことを懐かしんで、
③ 西院の人々は、北の方が目をかけてくれたことに感謝して、
④ 伊周は、北の方が隠れ家を準備してくれていたことに感じ入って、
⑤ 伊周は、北の方が西院に目をかけていたことを思い出して、

なに？　傍線部の解釈？　直訳、直訳！　えーと、「その時の御心に思って」、
んー、なんかハッキリしないなぁ。
選択肢は？　なに、①「〜」、ん、何かピンとこないなぁ。②は？「〜」、何か
そんなこと近くに書いてあったゾ。③は？「〜」、んー、よさそうだけど①と
迷うなー。④は？……

大学側は何をきいてる？

受験生は本番で、こんなふーに設問を解いているようです（Unbelievable!!　でも、思い当たらない？　模試とかで！）。このような**フィーリング解法**では、〝できたりできなかったり〟は当たり前。たとえできたとしても確実に時間をくってしまう（大学側は処理能力として、そこを見ているのに！）のです。しかも、本番では極度のプレッシャーが加わって……、**た、大変なことになってしまう!!**

実はこの設問、出題意図が単純で、選択肢のポイント構成が素直なので、それさえ見抜ければ、だれでもカンタンに即答できるのです（これがつまり、〝相手に合わせて解く〟ということ！）。具体的に見てみましょう。

傍線部自体は、〝よくある受験生のフィーリング解法〟のように、直訳がとれてもハッキリしません。それは、「その折（ソノ時）」「御心」が、**指示語的に表現**されているためです。

ある意味、傍線部だけでハッキリしないのは、だれでも当然です。ここで活用したいのが原則②で考えてもらった〝**指示語のアプローチ**〟です。「か」とか「さ」とかのよく出る〝いかにも〟な指示

ヒントのキーワード！

語ではありませんが、「指示語の範囲を広げよう！（⬇四九ページ）」と考えて、前後の対応をさぐります（「傍線のみにとらわれず、前後の対応に目をとばせ！（⬇二八ページ）」だよネ）。「その折」の対応は、直前ℓ.14〜ℓ.15「殿のおはしましし折（北ノ方ノダンナサンノ殿ガ、生キテイラッシャッタトキ）」と考えてよいでしょう。ここでは、**「折―折」の一致**が、対応を示すヒントのキーワードとなっています。

直訳しても文意が通ることを確認！

原則

対応を示す〝ヒントのキーワード〟を見逃すな（「言いかえ」など示すことが多い）！

一方、「御心ばへ」には、名詞につく敬語「御」がついていて、エライ人の「御心」とわかります。文全体を**ザット敬語的に見る**（**これは、第二講・原則6**（⬇一四〇ページ）**でやるヨ**）と、エライ人がガンガン出てくるのでちょっと迷いますが、この点も素直に直前ℓ.15の「北の方の（北ノ方ガ）」という主格に注目して「北の方の御心ばへ」と見ておきます。

したがって、傍線部の解釈としては、「殿がまだ生きていらっしゃった頃の北の方の御心ばえに思って」ぐらいアッサリとって、選択肢との対応を見ます。しかし、アッサリとった解釈では、残念ながら正解は選べません。そこでめげずにサッサと選択肢の現代語の**〝横の構成ポイント〟**を見ます（**この視点は、第三講・実践1**（⬇二四四ページ）**でやるヨ**）。

すると、至極単純に、傍線部の**動詞「思ひ」の主語**でポイントが切られているのがわかります。

① 西院の人々は、北の方が隠れ家として準備していたことに遠慮して、
② 西院の人々は、道隆と北の方が住んでいたことを懐かしんで、
③ 西院の人々は、北の方が目をかけてくれたことに感謝して、
④ 伊周は、北の方が隠れ家を準備してくれていたことに感じ入って、
⑤ 伊周は、北の方が西院に目をかけていたことを思い出して、

選択肢もフル活用！

つまり、選択肢から大学側の出題意図（受験生にききたい要素）がわかるワケです（ああ「主語・目的語」、すなわち「文脈」きいてんだァ！　やっぱ原則1ジャン！）。

原則

選択肢をヒントに、なんとか設問の出題意図をつかめ！

敬語のない人も注目！

あらためて、「思ひ」の主語、という視点（選択肢からこの視点をヒントとしてつかむ！）で本文にもどります。この問題文は、エライ人が多く、一見敬語が使えなさそう（みーんな敬語ついちゃってるモンネ！）ですが、しかし逆にエラクナイ立場の人には敬語が使われていないのです。今、視点としてさぐっている傍線部の「思ひ」には敬語が使われていない！　ということは、「思ひ」の主語はエラクナイ人だ、とわかります。傍線部の前後を見てみると、やはり直前 ℓ. 14の「西院（の人々）」が、ほぼ唯一

ハッキリと本文にでているエラクナイ人です（敬語は使えるネ――！）。

この本文対応を根拠に選択肢にもどり、主語がエライ「伊周」となっている④⑤を**即消し**します。①②③の選択肢は、「（北の方の）御心ばへ」の解釈でポイントを切っていて、本文にもどり傍線部の前後に目をとばすと、やはり直前ℓ.15「この北の方の、かやうの所（指）＝「西院」）をわざと尋ねかへりみさせ給ひ」が、北の方の動作として一致（敬語「させ給ひ」がバッチリ使われているネ！）しています。イメージで話を作らず、①②③で、ℓ.15〜ℓ.16の本文に最も近いのは、③「目をかけてくれた（＝「尋ねかへりみ」）」！ と素直に照らし合わせて正解を導きます。

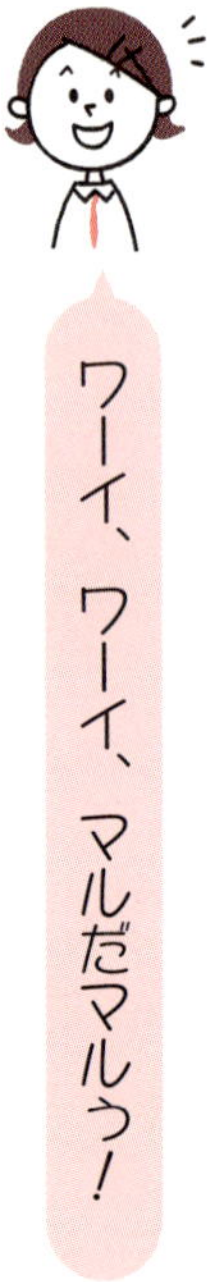

と喜んでいないで、ここでまたさらに踏み込んで、今後の本文読解に役立てましょう。いったいこの設問によって、**大学側は何を受験生にききたいのか？** ということ（出題意図）です。

先に見てもらった分析で特徴的なのは、正解の根拠となる傍線部の対応が、直前のℓ.15の部分に集中していることです。〝本文の正解根拠がどのようなパターン性であるか？〟という観点から考えてみてください。どーですか？ 傍線部とℓ.15はどーゆー関係ですか？（カンタンに考えてみて！ 今わからない方は、ムズカシク考えすぎ！）

本文にもどってご自分で考えてみてください。

＊＊＊＊＊

答えは、「原因・理由」を示す**順接確定条件の「㊁＋ば」**です。

傍線部直前ℓ.15「しかば」が、まさに傍線部と正解根拠を結びつけているのです。

◎過去「き」（㊁「しか」）＋「ば」＝〜ダッタノデ

〈正解根拠〉

この西院も、殿のおはしましし折、この北の方の、かやうの所をわざと尋ねかへりみさせ給ひしかば、その折の御心ばへどもに思ひてもらすまじき所を、おぼしよりたりけり。

が　指　西院＝

㊁＋ば！（〜ノデ）　指　指

すなわち、設問の出題意図は「**傍線部前後の順接の文脈**をきいている」とわかるワケなのです（**大学側は、原因・理由を示す「㊁＋ば」の前にはワザと傍線を引かない！**）。

この設問がきいているのは実は全くカンタンな文対応で、この**原則3**冒頭の「**順・逆の原則**」の現代語（⬇五三ページ）にもどって考えてみると、

勉強したので、試験できた。

㊁＋ば！

傍線部前後を大きくとらえる！

という、現代語だったら全く反射的（つまり、カンタン）な対応関係（赤の矢印）なのです。

「、」で切った直訳にこだわると（あるいは、傍線のみに目が引きつけられてしまうと）、自分で**対応を切ってしまう**、ということがおわかりいただけると思います。そこで、

原則

「、」や傍線に引きずられず、前後の順・逆をさぐれ！

という原則を堅持し、具体的な本文実例をたくさん見る、といった学習指針が生まれてくるワケなのです。大学側が、受験生に期待しているのは、あたかも現代語と同じように古文を読め！　という**至極、"まっとう"な読み**なのです。

「当たり前」な読みこそ重要！

試験にでる！　単語・文法・熟語

ℓ.1「いとど」副 ⇒ マスマス・いっそう

2「御心地」名 ⇒ ご病状

4「心苦しき」形「心苦し」の体（＝いとほし）⇒ 気ノ毒ダ（他人に使う！　自分のことには使わない！）

5「せちに」副 ⇒ 無理ニ・ヒタスラ

9「さばれ」（＝さもあらばあれ）熟 ⇒ エエイッ、ドウニデモナレ（決意・やけくそ）

11「おぼしたち」熟
●**おもひたつ** 四 ⬇決心スル

16「おぼしより」熟
●**おもひよる** 四 ⬇思イツク

18「かしこく」形「かしこし」の用 ⬇オソレ多イ・タイソウ〜ダ

18「ながら」接尾語 ⬇〜ノママデ・〜全部

全文訳

はかなく秋にもなったので、あたりの様子はますますしみじみとして、荻に吹く風の音も、遠くはなれたお二人の子どものご様子を送ってくるようにそよめいて、思わず思いが加わりなさった。播磨《はりま》からも但馬《たじま》からも、日々に使いの人々が都に参上する。母の北の方のご病状はどんどん重くなったので、そのほかのことは何もなく病の心配ばかりである。「帥殿を今一度見申し上げてから死のう」ということを北の方が寝てもさめてもおっしゃるので、中宮様もたいそうお気の毒なことと思いなさり、北の方のご兄弟たちも、「（北の方の願いを実現したら）いったいどうなることだろうか」と思いをめぐらせるけれど、やはり恐ろしい。北の方は、ひたすら帥殿を泣き恋い申し上げなさる。周りで見聞き申し上げる人々も不安に思い申し上げた。

播磨にいる帥殿も、北の方が重病で自分に会いたがっていると聞きなさって、「いったいどうすればよいのであろうか。（もし実現して）朝廷に噂《うわさ》が聞こえることがあるならば、わが身はますますひどいことになりはてて、都を再び見ることなく終わることになるだろう」など、帥殿はさまざまに思い続けなさり、ただもう、あれやこれやとお涙を流すばかりである。「ええい、どうにでもなれ、この身は、これ以上どうなるというのだ。このひどい状況にまさることなどない」とお考えになるようになり、「親が臨終でいらっしゃるのを見申し上げたからといって、朝廷もますます罰しなさり、神仏も私をにくむことになりなさるならば、やはりそうなるはずの前世からの運命なのだと思おう」と決心なさって、夜に昼をついで急いで上京なさる。

そうして、宮の内では評判が立ってしまうだろうから、西の京の西院というところに、たいそうこっそりと夜中に帥殿がいらっしゃったので、北の方も中宮様もたいそうこっそりと西院で落ち合いなさった。この西院も、殿が生きていらっしゃった頃、この北の方が、この西院のようなところを特に目をかけなさっていたので、西院の人々もその頃の北の方のお心に感謝して秘密をもらすはずのないところを、帥殿も思いつきなさったのであった。母北の方も、中宮様も、そのほかの方々も、帥殿も顔を見かわし申し上げなさって、また今さらのご対面で流す涙も、たいへんなもので悲しい。北の方は、（ご病気なので）うまく御車に乗せ申し上げて、そのお席のままだきおろし申し上げた。全く意識のないようなご病状であったけれど、何やら騒がしく泣きながら申し上げなさって、「今は安心して死にますことができるよ」と北の方がよろこんで申し上げなさるのも、人々は、並たいていの気持ちでいられようか。しみじみと悲しいといったくらいでは言いたりないほどである。

ここで基礎を確認しましょう。代表的な順・逆の文法は、

ガンバって暗記しよう！

基礎 接続助詞系の順・逆

順接

・未＋ば（順接仮定条件）⇒モシ〜ナラバ

●㋑＋ば
① 順接確定条件　⬇～ナノデ〔原因・理由〕
② 偶時〔偶然〕条件　⬇（タマタマ）～スルト
③ 恒時条件　⬇～スルト（イツモ……）

逆接

●㊦＋とも（逆接仮定条件）※ただし、形容詞には「㊥＋とも」cf.（うれしく）とも
⬇タトエ～トシテモ

●㋑＋ど・ども（逆接確定条件）
⬇～ダケレド

です。ちなみに、

▼仮定条件……文脈上、まだ起きていないときに使う表現
▼確定条件……文脈上、すでに起きているときに使う表現

という点も、文脈上重要です。たとえば空欄問題などで、

「空欄に、次の動詞を適当に活用させて入れなさい」

と、よく設問で問われますが、本文が、

〜〜〜〜〜 □ ば、〜〜〜〜〜

の型になっていたら、空欄の下の**接続助詞「ば」**に注目し、「**未+ば**」か、「**已+ば**」の形になるのではないかとわかります。

ここでなんとなくの直訳でどちらになるか考える人が多いのですが、基礎はしっかりとふまえたうえで、**文法も、主語・目的語をふまえて〝文脈的にアプローチ〟**するのです。

直訳のみで細かく考えるよりも、アッサリと空欄前後に目をとばし、その本文の文脈において、設問で活用させろと言われた動詞の動作が、「まだ起きていなかった」ら未然形（現代語でたとえれば「もし、雨が降ったならば、体育祭は中止だ」）、「すでに起きていた」ら已然形（「雨が降ったので、体育祭は中止だ」）、がそれぞれ正解です。

文法問題も“文脈的にアプローチ”

即答だぁ！　やっぱり文法でも文脈的にきかれているんだ！

基礎　**単語・熟語系の順・逆**

これらの接続助詞系（文と文をつなぐ）は、〝文法的にはカンタンなので、逆に見落としがち〟な点が要注意です。あとは、単語・熟語系で、

順接（特に、原因・理由の確定条件「～ノデ」がよくきかれる）

- かかれば（＝かくあれば）コウデアルノデ
- されば（＝さあれば）ソウデアルノデ
- しかれば（＝しかあれば）ソウデアルノデ

指示語系！

- ままに
  ⬇「～スルトスグ」もよくでる！
- あひだ〔間〕▼「文章＋あひだ、文章」の形！
  ⬇名詞だが接続助詞っぽく
- にて／・より ▼「動＋にて・より」の形！
  ⬇本来格助詞で、「名＋にて・より」が基本だが、やはり接続助詞っぽく
  （⬇「より」は、「～スルトスグ」もよくでる）

～ノデ

逆接（順・逆どちらかというと、逆接がよくでるヨ！）

- かかれど（＝かくあれど）コウデハアルケレド
- されど（＝さあれど）ソウデハアルケレド
- しかるに（＝しかれど）ソウデハアルケレド

指示語系！

- ものの
- ものを
- ものゆゑ
- ものから
- ながら

接続助詞系！　～ナノニ・～ダケレド

- なかなか　カエッテ　↓×「なかなかよい」ではない！
- さすがに　ソウハイッテモヤハリ　↓×「さすがに～だ」ではない！
- なほ　ヤハリ・サラニ・モット

副詞系！

- ～～～こそ～～～已、～～～　（逆）～ダケレド

↓ 係助「こそ」が係り結びで使われているのに文末ではなく、まだ下に文が続くとき！（「～こそ～已。」の「こそ」は、強意の係り結びです）

逆・順ともにあってくせもの

- 接続助詞「に・を」　↓前後の⊕・⊖を見るべし！

などは、単語・文法の基礎として**絶対暗記**です（**なんせ点デカイからねー、順・逆は！**）。

これらの基礎に注意し、本文の実例にガンガン触れていってください（**本文中で、たくさんの量を確認することによって、暗記事項もハッキリ感覚的につかめてくるよ！　学校の授業でも意識してみて。目指すは、メール打つときのように、基礎を意識の底に沈めつつ活用できる〝読み〟！　がんばろー!!**）。

と、いうわけで、恐れず入試問題にもう少し触れてみましょう。

例題3

次の文章を読んで、後の問いに答えよ。

うまき物食はまほしく、よき衣《きぬ》着まほしく、よき家に住まほしく、たから得まほしく、人に尊まれまほしく、命長からまほしくするは、皆人のまごころなり。［　］、これらを皆よからぬことにし、～（略）～

『玉勝間』〈龍谷大・文〉

問　空白部［　］の中には接続語が入るが、次のうちから最も適当なものを一つ選べ。

①さて　②しかるに　③なほ　④しかのみならず　⑤かくして

もはや簡単でしょう。

原則

傍線・空欄の前後の⊕・⊖をさぐれ！

空欄の前後は、

〜〜〜皆人のまごころ⊕なり。［　　］、これらを皆よからぬこと⊖にし、〜〜〜（逆接！）

となっており、⊕・⊖がハッキリと出ていることから、空欄には**逆接**の言葉が入るとわかります。

設問の選択肢は、①「さて」（ソウシテ・単純接続・順）、②「しかるに」（ソウデハアルケレド・接続詞・逆）、③「なほ」（ヤハリ・副詞・逆）、④「しかのみならず」（ソウデアルダケデナク・限定）、⑤「かくして」（コウシテ・単純接続・順）（**以上の選択肢処理は基礎力！　基礎力は、高速処理に結びつく！**）となっていて、逆接は②③です。ともに逆接で迷いますが、また本文にもどって空欄前後を見ると、⊕・⊖がハッキリ、つまり、**強い逆接**です。②「しかるに」と③「なほ」では、「しかるに」のほうが逆接が強く、しかも空欄は、文章の最初にありますので、文法的にはやはり③副詞「なほ」よりも、②接続詞「しかるに」のほうが妥当で、②が正解です。

基礎＋設問分析を！

たとえば、「副詞と接続詞の文中の位置」などという視点は、文法書ではあまり解説されず、**本番レベルの設問分析**によってのみ身につく実戦力なのです。

以上、本番の問題分析から得た要素を、大学側の要求（出題意図）と考え、明日からの古文読解に生かしてゆきましょう。**“「、」で文を切らずに、前後の順接・逆接をさぐる”**、あまりムズカシク考えず、現代語を読むのと同じ「まっとう」な読みを目指してください。

それにしても、「敵を知り、己を知れば、百戦危うからず」という孫子の言葉は、大学入試においても然《しか》りですね（**どーやら相手に合わせたほうが、勉強も楽で、時間もかからず点とれそーでしょう！**）。

試験にでる！　単語・文法・熟語

ℓ.1 まほしく　助動 希望「まほし」の 用〈未 に接続〉
⬇ ～シタイ

全文訳

うまいものを食べたいと思い、よい着物を着たいと思い、よい家に住みたい、宝を手に入れたい、人から尊敬されたい、長生きしたいと思うのは、人々の本心である。けれども、これらをみなよくないこととし、～

原則

4

言葉のかかり関係（主部—述部）がきかれるゾ！

—乱れた本文・挿入句—

元井の視点

主語・目的語も省略が多く、英語のように文章が整っていない古文！
本番で問われる客観的な本文の読みとして、乱れた本文の主部—述部を常に意識して読解すべし！

受験生は国語ができません。原因は、英・数・国の中で唯一、いわゆる勉強法が確立していないからだと思われます。たいていの受験生は、何となく問題を解き、○×で一喜一憂、フィーリング勉強です。大学側は受験生の得点力の低さに業《ごう》を煮やし、最近の出題傾向は、「難解な本文」よりも「（一見**難しくないが**）乱れた本文」をだす、という方向で**基礎力・客観性を問う**形式になっています。

と、いうことは、裏を返せば、国語をモノにしちゃえば、ほかの受験生に差をつけられる！　ワケです。古文は一度固めてしまえば手堅い科目、古文を固めて、**いくゾ！　国語の得点倍増計画!!**

例題1

次の文章は、中宮の御前で、女房たちが退屈しのぎに思い出話をそれぞれ語るうちに、少将の君の順番になった場面である。これを読んで、後の問いに答えよ。

〜（略）〜「おばなる人の東山《ひがしやま》わたりに行《おこな》ひて侍りしに、しばし慕《した》ひて侍りしかば、あるじの尼君の方《かた》に、いたう口惜しからぬ人々のけはひあまたし侍りしを、まぎらはして、人にしのぶにやと見え侍りし。ものへだてのけはひのいと気高《けだか》う、ただ人とはおぼえ侍らざりしに、ゆかしうて、ものはかなき障子《さうじ》の紙の穴かまへ出でてのぞき侍りしかば、簾《すだれ》に几帳《きちやう》そへて、きよげなる法師《ほふし》二三人ばかり据ゑて、いみじくをかしげなりし人、几帳のつらに添ひ臥《ふ》して、このゐたる法師近くよびて(1)もの言ふ。何事ならむと聞き分くべきほどにもあらねど、尼にならむとかたらふけしきにやと見ゆるに、法師やすらふけしきなれど、なほなほせちに言ふめれば、さらばとて、几帳のほころびより、櫛《くし》のはこの蓋《ふた》に、たけに一尺ばかりあまりたるにやと見ゆる髪の、筋《すぢ》、裾《すそ》つきいみじう美しきをわげ入れて(2)押し出だす。〜（略）〜

『堤中納言物語』〈立教大・経〉

問　傍線(1)・(2)の主語はだれか。次の中から最も適当なもの一つを選び、番号で答えよ。

① 少将の君　② おばなる人　③ あるじの尼君
④ いみじくをかしげなりし人　⑤ きよげなる法師

この原則4は**原則1から原則3までの〝小まとめ〟**になっています。本番では問題文の客観的な文脈が問われ、それに合わせて、本文を「、」で切らず、基礎をふまえて、**〈主語・目的語のつながり・原則1〉〈指示語の対応・原則2〉〈順接・逆接の⊕⊖・原則3〉**といった視点で、本文の読解量をこなす方針を、ここまでの勉強でつかんでもらいました。この方針のもと、**例題1**の本文をどのように読んでいったらよいのでしょうか？

例題1の本文は、一見、直訳もそんなに難しくない部分です。説明文もふまえて、

「中宮サロンの、平和な世間話で、女房の一人の少将の君が、自分の体験談として、見ず知らずの女が出家する様子を思わずのぞき見したことを語る」

という大筋はカンタンにとれますが、設問は〈主部―述部〉の関係を、かなり乱れた文脈においてきいているため、本番で、確実に速く得点するには、けっこう**手こずるタイプ**です（やっかいだよネ！）。

「乱れた文脈」も基礎でひもとけ！

第一志望の本番で、この文章を初めて見るワケですが、受験生は、基礎をふまえて、確実に得点できるように読んでいく必要があるのです。

「基礎をふまえる」って、どの程度ふまえればいいーの？

お答えしましょう。以下のような程度に**〝反応〟**できればよいのではないでしょうか。**例題1**の本文解説からつかんでみてください。

――「おばなる人の東山《ひがしやま》わたりに行《おこな》ひて侍りしに、しばし慕《した》ひて侍りしかば、あるじの尼君の方に、いたう口惜しからぬ人々のけはひあまたし侍りしを、まぎらはして、人にしのぶにやと見え侍りし。ものへだてのけはひのいと気高《けだか》う、ただ人とはおぼえ侍らざりしに、ゆかしうて、ものはかなき障子《さうじ》の紙の穴かまへ出でてのぞき侍りしかば、簾《すだれ》に几帳《きちやう》そへて、きよげなる法師《ほふし》二三人ばかり据ゑて、いみじくをかしげなりし人、几帳のつらに添ひ臥《ふ》して、このゐたる法師近くよびて(1)もの言ふ。何事ならむと聞き分くべきほどにもあらねど、尼にならむとかたらふけしきにやと見ゆるに、法師やすらふけしきなれど、なほなほせちに言ふめれば、さらばとて、几帳のほころびより、櫛《くし》のはこの蓋《ふた》に、たけに一尺ばかりあまりたるにやと見ゆる髪の、筋《すぢ》、裾《すそ》つきいみじう美しきをわげ入れて(2)押し出だす。

少
で 同格 人
人 私は ＝カッコの話し手の少将の君
「き」の体
「き」の已
アマリ〜ナイ
サ変の用
「き」の体
「き」の体
「き」の体
私は様子が
「き」の已
主 ＝出家する女
が
述
可能の体
「ず」の已
「て」の前後で主一致！
女は
法は
主 女は
で 同格
形の体
髪 目！
述

本文の読みとしてこのように読みとれれば、傍線(1)・(2)ともに答えは④「いみじくをかしげなりし人」で、設問自体はまさに**即答**ですね（**設問できかれてからこう考えるのではなく、きかれる以前に〝読み〟としてこう読めればベスト！**）。

こうした読みを、本番までにいかに作れるかが、〝お勉強〟のポイントです。「、」で切ってしまっては、大学側のきく〝言葉のかかり関係〟を、みずから切ってしまうことが、おわかりいただけると思います（**本番でやったら即死だぜ！**）。特に、ℓ.7〜ℓ.9に注目してみましょう。

> 几帳のほころびより、櫛《くし》のはこの蓋《ふた》に、たけに一尺ばかりあまりたるにやと見ゆる髪の、筋《すぢ》、裾《すそ》つきいみじう美しきをわけ入れて(2)押し出だす。

三行にわたる文ですが、**同格の基礎**がからみつつ、**言葉のかかり関係が乱れて**いて、読みとりづらい文です。こうした乱れた本文に対処するには、

原則

乱れた本文は、いつもどおりに主語・目的語の対応（(主)・(述)関係）をさぐれ！

「、」で切って読むな！

しかありません。「、」で切って品詞分解では、文意がグチャグチャになるのは、この三行でも明らかです。

おそらく小学校で習ったと思われる〈主部―述部〉関係の原則を復習しておきましょう（**現代語だよ！**）。

原則

〈主部―述部〉関係

● **何が、**（主部（主語））**何を、**（客部（目的語））**どうする。**（述部）

● **何は、**（主部）**どうである。**（述部）

思い出してください。忘れたり、**「そんなの習ってねえっつーの」**という方も、現代語の語感として考えればカンタンですよ。要するに、「この対応関係を、古文でも同じようにさぐって読もう」ということなのです。さっそく乱れた ℓ.7～ℓ.9 の本文にもどって考えてみましょう。読みとるべきは、

（女が ＝主部）几帳のほころびより、櫛《くし》のはこの蓋《ふた》に、たけに一尺ばかりあまりたるにやと見ゆる髪の（同格 で）、筋《すぢ》、裾《すそ》つきいみじう美しき（髪）を（目！）わげ入れて (2)押し出だす（述部）。

すなわち、

――――（女が）、几帳の隙間
から、蓋の中に、（ **同格で表現されている** ）髪
を、曲げ入れて、さし出す。――――

つまり、前ページの**原則**の例で言えば、

「何が、何を、どうする。」 ⇩ 「女が、髪を、さし出す。」

という、実は単純な文対応なのです。一見、ゴチャゴチャしていますが、本質的にはこんなにカンタンな要素ですので、だれでも練習しだいで読みとれるはず（**普段から、こうした主述関係さぐる練習！**）。読めてしまえば、設問が**即答**できることは、**間違いナイ！**

ちょっと文法事項の解説！

この文でもビミョーにからんで文を複雑にしている、**格助詞「の」の同格用法**についてです。「の」の識別として文法問題でよく問われますが、文法も **文脈的に**（本文の主語・目的語のつながり）

やっぱり「文脈」！

本文アプローチ という観点から考えてみましょう（識別の文法問題なんか点が低いって！ 同格が点数的にデカイのも、この文脈的な要素を読解に生かせるか、というところだよ!!）。

文脈的に 本文アプローチ

〈**同格**の基本形〉

名詞 の（同格）で 〜〜〜 連体形 ｛名｝

（名詞 イコール 〜〜〜 連体形）

◎「の」が同格かな？ と思ったら、下に目をとばし、連体形を探す。連体形が見つかったら、省略されている「の」の上の名詞を補う！ これで文意が通ったら、「の」が同格と判定できるよ！

例文 清げなる僧（名）の で 黄なる袈裟《けさ》着たる（体）｛僧｝が、（主） 歩み来りて、（述）

〈美シイ僧デ、黄色ノ僧衣ヲ着テイル僧ガ、歩イテ来テ〉

という文法の基本はOKだと思います。しかし、ここで止まっていては、せいぜい文法問題できかれたときしか得点できないのです。そこで、一歩踏み込んで（**「文法事項を、読解に生かそう」という視点が大切！**）、**文章における同格**という視点で深めてみましょう。

明析で論理的な英語に比べると、**日本語はアイマイ**です。英語では基本的に主語・目的語が明示され、抽象概念語も多用され（入試レベルでも十分ムズカシイよね！　だから勉強時間も英語に割くべきだよネ！　どー考えても！）、長い名詞もよく文章に出てきます。

その英語に比べると日本語は、あまりズバッと物事を表現することを好みません（数々の婉曲《えんきょく》表現！）。古文でもその特徴は同様で、たとえば長い名詞は好まれないのです。したがって、文法的に見ると、同格表現はしょせん、長い名詞の形なワケで、**「かなり変！」**な表現型式なのです。

なぜ、「変！」にもかかわらず文中で使われるか、というと、同格は一種の〝強調構文〟なのであって、文脈（主語・目的語の全文のつながり）の中で**強調したい名詞の属性**《ぞくせい》（「物事の性質」という意味。ちょっとムズイが、がまんしてネ！）を説明しているのです。だから、大学入試の設問でも、同格が内容理解・文対応のからみで問われ、配点もデカイ！　わけなのです。この視点から、古文読解において、

原則

「同格」「反語」「二重否定」の〝強調〟を見逃すな！

と、まとまってくるのです。

先に見てもらった例題1のℓ.7〜ℓ.9でも、かなり長い名詞（「〜な髪で、〜な髪」）として、文に同格がからみ（「、」で切ったらこの同格構造もズタズタにしちゃうゾ！）、文を複雑にしています。ここで強調されていることとは、いったい何でしょう？

同格がからむこの文の名詞は**「髪」**です。「女が、髪を、さし出」して、今からしようとしていること、それは「出家（髪切る！）」なのであり、文法的に同格が強調している「髪」は、**「出家」の象徴**となっているのです。のぞき見している少将の君は、その女の素性も、出家の事情もわからないわけですが、「**何かハードなこと**が女の身に起こった」のが察せられ、「何、何、何？」というシチュエーション、同格がらみの「髪」は、その「出家」を象徴していたのです（原則2の例題3【→四三ページ】**でも、同格が、恋人の一人である「童」の「身分の低さ」を強調！　この視点から復習してみてネ！**）。

基礎＋問題分析を！
そんなこと言われたって、深く踏み込んで分析なんて、できるわけないよ！

そのとーりです。英語との比較なんて、もう言語学・比較文化学で、大学の学問領域。みなさんが簡単にできることではありませんよね。もちろんそんな必要もないわけで、大学入試の勉強において、効率よく大学側の要求をふまえつつ学習を進めていける方法が、一つだけあるのです。それが、**本番レベルの具体的な根拠の分析**なのですよ。もちろん、高校で習った範囲の基礎レベルを手がかりにすれば十分で、あとは具体的な正解根拠の分析をたくさんこなすことにより、大学側のききたいことを、自分の読みに生かせるようになります。

めげずに先へ先へ！

試験にでる！ 単語・文法・熟語

ℓ.1 「行ひ」
● おこなふ （四） ↓仏道修行ヲスル

2 「いたう〜ぬ」 （熟） ↓アマリ〜ナイ

2 「口惜しから」 （形） 「口惜し」の （未）
↓残念ダ・卑《いや》シイ

3 「ただ人」 （名） ↓普通ノ人・臣下

くり返し本文を読み込んで、復習しながら暗記してゆこう！

3 「ゆかしう」 （形） 「ゆかし」の （用）
↓見タイ・聞タイ・知リタイ

4 「きよげなる」 （形動） 「きよげなり」の （体） ↓美シイ

5 「据《す》ゑ」 （ワ・下二） 「据《す》う」の （用） ↓置ク

7 「やすらふ」 （四） 「やすらふ」の （体） ↓タメラウ

7 「せちに」 （副） ↓無理ニ・ヒタスラ

全文訳

〜「おばである人が東山のあたりで仏道修行をしていまして、私は時々おばを慕って行きましたところ、その庵《いおり》の主人である尼君のところに、あまり卑《いや》しくはない（かなり貴い身分の）人々の様子が多くしましたので、私は人目を紛らわせて、人目を忍んでいるのだろうかと思いました。人をへだてている様子がたいそう気品があって、普通の人とは思われませんでしたので、私は様子が見たいと思って、ちょっとした障子の紙の穴をつくり出してのぞきましたところ、すだれに几帳《きちょう》を加えて、美しい法師を二、三人ほど置いて、たいそう美しい女が、几帳のそばに寄り臥《ふ》して、このそこにいた法師を近くに呼んで話しかける。何事であろうかと聞き分けることのできる距離ではないけれど、尼になろうと相談している様子であろうかと見えて、法師はためらっている様子であるけれど、女がやはりしきりと出家したいと言うようなので、法師はそれならばということで、女は几帳のすき間から、櫛《くし》の箱のふたに、身長より一尺ほど長いだろうかと思われる髪で、髪すじや、すその様子がたいへん美しい髪を、曲げ入れて、（切ってもらうために）押し出す。〜

例題2

次の文を読んで、後の問いに答えなさい。（年がはなれた妻に先立たれた夫［筆者］が、妻の死の直後の悲しみを描いた文章の一部）

さるほどに、十月中の十日ころにもなりぬ。この世にてはうちつづき産などもしげく、嬰児《みどりご》はしり遊びなどして、何の世のことわり(1)わきまふべくもあらざりしに、あしたごとに弥陀の名号を唱へ、経などを読みつつ、月ごとの十五日には仏の御前にて人々勧めて一昼夜の念仏を唱へなど(2)いとなみしことを、この十五日にもそのままに念仏を申さするに、その夜の暁がたに、つゆばかりまどろみたる夢に、～（略）～

〈早大・政経〉

問 傍線部(1)・(2)について、それぞれの動詞の主語となる人物はだれか、次の①～④の中から選べ。

① 作者　② 幼きものどもの母　③ 嬰児　④ 僧

早大・政経にしてはカンタンな文章、しかしナメてはいけません。**“ボケた直訳”**では、本番でこの設問を即答していくことはできないのです（さすが、早大・政経！）。出題意図が鋭く、ハッキリした問題ですので、**ビビらず分析**し、要素をみなさんの学習指針に生かしていきましょう。

第一に大切なのは、**「古文の文脈は人情話で単純！　メインの登場人物は二～三人！**（⬇四六）

ページ）」の原則から、

「死んだ妻と、嘆き悲しむ夫（筆者）の二人がメイン」

であることを頭から離さないことです。

メインの人物をおさえる！

設問は主語をきいているのですが、これが鋭くて、本文ℓ.1〜ℓ.4を、文法的にはカンタンなのをよいことに、「、」で切って直訳しながら読むと、傍線(1)の主語は、直前の「嬰児」に、傍線(2)の主語は、「作者」または「僧」に、見えてしまうのです。**ともに不正解**です（**しかも、ネットリ本文を読んでしまって時間もくったりして！**）。

「当たり前」の読み方を！

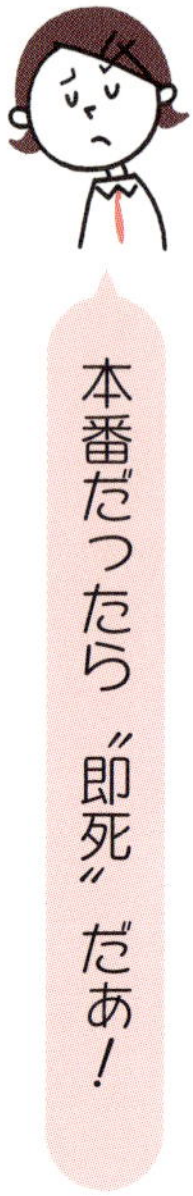

そうです。あるいは、大学側は、受験生が**妙な読み方**をしているのを知っていながら、「まさか、そんな異常な読みしてないよね？　文脈の客観性として答えはもちろん明らかだよね？」と、**少しイヂワルに**きいているのではないか、と勘ぐってしまうような**鋭い出題**です（**だからこそ今後の学習指針をつかむのに〝使える！〟よ**）。正解は、(1)・(2)ともに、②「幼きものどもの母」（死んだ妻）です。

次の文構造が読みとれますか？（**もちろん今はできなくていーんだよ！　本番での理想的な読みです！**）

さるほどに、十月中の十日ころにもなりぬ。この世にてはうちつづき産などもしげく、嬰児《みどりご》はしり遊びなどして、何の世のことわり(1)わきまふべくもあらざりしに、あしたごとに弥陀の名号を唱へ、経などを読みつつ、月ごとの十五日には仏の御前にて人々勧めて一昼夜の念仏を唱へなど(2)いとなみしことを、この十五日にもそのままに念仏を申さするに、その夜の暁がたに、つゆばかりまどろみたる夢に、〜（略）〜

やっぱり基礎！

からむ基礎は、接続助詞「て」と、過去（直接経験）の助動詞「き」です。これがまた、**受験生が文句言えないぐらいカンタン**な基礎です（イヤー、ハイセンスな出題だネエー！）。まず傍線(1)は、

「〜産などもしげく、（嬰児はしり遊びなどして、）〜(1)わきまふべくもあらざりし」

という単純接続の順接文脈で、すなわち、

「（死んだ妻は）お産も多くて、（子供たちの世話に忙しく）、物事の道理（仏教）もわきまえられなかった」

この部分が、まぎらわしい！

すなわち、

「（妻は）お産も多くて、（妻は）わきまえられなかった」

という単純接続の文脈なのです。ℓ.1「しげく」（形「しげし」（多イ））の下に「て」はありませんが、あっても同じ文脈です。かと思うと、ℓ.1〜ℓ.2「嬰児はしり遊びなどして」にはハッキリ「て」が出ているので（**この文は、ただ次の文にかかっている！**）、いっそうやっかいです。普段から主述関係を意識せず、直訳とって安心していては、本番で「嬰児」を選んでしまうのも無理ないことでしょう。

基礎としてからむ接続助詞「て」は順接系で、原則として**「て」の前後で主語が一致**します。

現代語

「風呂入って、メシ食う」（「風呂入り、メシ食う。」と、「て」がなくても同じでしょ！）

「（俺が）風呂入って、（俺が）メシ食う」

という現代語と同じなのですが、往往にして、この**例題**のℓ.1〜ℓ.2のように、間に文が入り込んできて（**これが「文の乱れ」だよ！**）、一瞬、主語が一致していないように見えたりします。でも、たいていは、このℓ.1〜ℓ.2のように、「実は、文法的にまちがっていない」ことが多いのです。

大学側は、この問題文の文脈（主・目のつながり）において、「実は、ちゃんと主語は一致している」ことを、**客観性**として問うているのです。したがって、みなさんは、この設問分析みたいなイメージで、**「て」の前後を意識する視点**をご自分の読みに導入すればよいのです（**メインの主・目は、二〜三人**）。

傍線(2)も同じです。

「（妻は）月ごとの十五日に仏の御前で人々（女房たち）に勧めて、〜（妻は）いとなみし」

という文対応をきいています。

「つつ」の前後も主語一致！

ちなみに、ℓ.3「経などを読みつつ」の、**接続助詞「つつ」**も、原則**「前後で主語一致」**です。

つまり、本文ℓ.1〜ℓ.4の主要な主語は、ほとんど「死んだ妻」なのです。

さらに、この本文には、次のような文構造がかくれています（**気づかなくても設問は解けるのですが**）。

さるほどに、十月中の十日ころにもなりぬ。この世にてはうちつづき産などもしげく、嬰児《みどりご》はしり遊びなどして、何の世のことわり(1)わきまふべくもあらざりしに、あしたごとに弥陀の名号を唱へ、経などを読みつつ、月ごとの十五日には仏の御前にて人々勧めて一昼夜の念仏を唱へなど(2)いとなみしことを、この十五日にもそのままに念仏を申さするに、その夜の暁がたに、つゆばかりまどろみたる夢に、～（略）～

妻が生きていた ⇩ 過去！

※対比！

妻が死んだ ⇩ 現在！

なぜ、ℓ.1～ℓ.4の主語がほとんど「死んだ妻」か、というと、ℓ.1～ℓ.4が、「死んだ妻が生きていた頃の回想」だからなのです。この回想の文脈を文法的にサポートしているのが、まさに〝直接経験〟の**過去「き」**です。ℓ.4「この十五日にもそのままに念仏を申さするに」の部分は、**現在**にもどって主語が筆者（夫）になっているのです（**今は、妻は死んでいるもんネ！**）。回想という形で、過去と現在が対比され、

原則

文脈上、強い対比は設問できかれる！　対比がないかどうか探せ！

という読解の視点を学ぶことができます。〈過去―現在〉の対比は、試験に最もよくでるポピュラーなものです。過去の部分にはよく「き」がからみ、このℓ.1～ℓ.4も典型的なのです。対比を示すのは、

- ℓ.1～ℓ.4にからむ**過去**「き」
  - ℓ.3「月ごとの十五日」（妻が生きていた過去）
  - ℓ.4「この十五日」（妻が死んだ今）

※対比！

という要素で、「十五日（とおかあまりいか）」が、対比を示す〝ヒントのキーワード〟になっています。

原則

対比・対応を示すヒントのキーワードを見逃すな！

ということですね。これらのポイントになる単語・文法はいずれもカンタン（だからヒントになる！）ですから、普段から探す視点を持って具体例の量をこなしておけば、**だれでもカンタンに**本番で見つけられるはずです。この**例題2**でも、ヒントのキーワードを見つけて〈過去―現在〉の対比に気づけ

ば、ℓ.1～ℓ.4の回想部分の枠組みがよりハッキリし、傍線(2)も自信を持って正解できるでしょう。

細かな分析を見てもらいましたが、あわせて、最初の大きなおさえ「**メインは二人**」を思い出してください。結局、この文脈で大学側がきく箇所は、「この二人（死んだ妻と、その夫）」なのだ、という大きな視野も、本番での解答時間短縮にきっと貢献するでしょう。第一志望本番に向け、「硬軟《こうなん》」「細大《さいだい》」あわせた**フレキシブルな読み**を作っていきましょう。

試験にでる！　単語・文法・熟語

ℓ.1「しげく」形「しげし」の用 ⇒多イ

2「ことわり」名 ⇒道理 ＋

2「あした」名 ⇒朝

4「申さする」
●する 助動 使役「す」の体 ⇒～サセル

4「つゆ」副 ⇒少シ

全文訳

そうしているうちに、一〇月の一〇日頃にもなった。亡くなった妻は、この世ではお産などもうち続いて多く、生まれた子がはしり遊びなどして（世話がたいへんで）、妻はこれといってこの世の（仏教上の）道理などをわきまえられるはずもなかったのに、毎朝に弥陀《みだ》の名号《みょうごう》を唱え、経などを読んでは、毎月の一五日には仏の御前で女房たちにも勧めて一昼夜の念仏を唱えたりして営んでいたことを、亡くなったあとのこの一五日にも生前そのままに私が念仏を唱えさせたりしていたところ、その夜の明け方に少しまどろんだ夢に、～

例題3

次の文章を読んで、後の問いに答えよ。

①世の中に、なほいと心憂きものは、人に憎まれむことこそあるべけれ。②誰てふもの狂ひか、われ、人にさ思はれむとは思はむ。③されど、自然に、宮仕へ所にも、親・はらからのうちにても、思はるる者・思はれぬ者があるぞ、いとわびしきや。

④よき人の御事は、さらなり。⑤下種《げす》などのほどにも、親などのかなしうする子は、目たて、耳たてられて、いたはしうこそおぼゆれ。⑥見るかひある子は、ことわり、いかが思はざらむとおぼゆ。⑦ことなることなき子は、また、これをかなしと思ふらむ事は、親なればぞかしと、あはれなり。

⑧親にも、君にも、すべてうち語らふ人にも、人に思はれむ事ばかり、めでたきことはあらじ。

『枕草子』第二四九段〈早大・法〉

問 次の例文の傍線部とその解釈をよく読んで、傍線部と同種の用法を含むものを、文①～⑧の中から一つ選べ。

○たとひ舞を御覧じ、歌をきこしめさずとも（＝タトエ舞ヲ御覧ニナラズ、歌ヲオ聞キニナリマセンデモ）、御対面ばかりさぶらうて帰させ給ひたらば、ありがたき御情けでこそさぶらはんずれ。

〝言葉の乱れ関係〟は、文法がらみでこんなきかれ方もします。正解は⑤で、ℓ.4〜ℓ.5は、

（親がかわいがっている子は、人々から）

目たて、耳たてられて

受身「らる」の用（〜サレル）

（目ヲ立テラレ、耳ヲ立テラレテ（＝注目されて））

「、」で切っては関係がわからない！

という〝**かかり関係**〟です。文法的に、助動詞（**設問ヒントの例文の打消「ず」など**）や、敬語の補助動詞などでおこります。たとえば、

例文　（偉い人が、）見て、食べ給ふ。

尊敬の補動（〜ナサル）

（偉イ人ガ見ナサッテ、食ベナサル）

といったパターンで、「、」で文を切ってはいけない理由の一つと言えます。文法書であまり詳しく解説されないこうしたパターンも、**本番レベルの設問分析**からつかめるわけで（**この設問自体は、今は解けなくてもいーんだよ**）、分析した要素を、自分の読解の視点にドンドン取り込んでいきたいのです。

以上のまとめとして、次の要素が大切ということですね、どーやら！

原則

「、」で切って直訳するのでなく、基礎をふまえザット本文の文脈をたどる
●主・目のつながり　●指
●順接・逆接　●言葉のかかり方
に注意して、たどりまくれ！

試験にでる！　単語・文法・熟語

l.2 「てふ」熟 ⇩〜といふ（発音は「チョウ」！）
3 「はらから」名 ⇩兄弟姉妹
4 「よき人」名 ⇩身分・教養ノアル人
4 「さらなり」形動 ⇩〜ハ言ウマデモナイ
4 「下種」名 ⇩オ仕エノ人
4 「かなしうする」サ変「かなしくす」の体 ⇩カワイガル＋

5 「いたはしう」形「いたはし」の用 ⇩気ノ毒ダ－ ⇩世話シタクナル＋
6 「かなし」形「かなし」の終 ⇩悲シイ－ ⇩イトシイ＋
6 「ぞかし」強調〈終助「ぞ」＋強意「かし」〉 ⇩〜ダヨ

全文訳

世の中で、やはりたいそうつらいものは人に憎まれることであろう。いったいどんな変わり者が、人から嫌われようと思うだろうか（そんな人はいない）。そうではあるけれど、自然に、宮仕え先でも、親・きょうだいの中でも、愛される者と、愛されない者があるのがたいそうつらいことだ。

身分の高い人の場合は、言うまでもない。身分の低い者の場合でも、親がかわいがっている子は、人々から注目されて、世話をしたいと思われる。かわいらしくて見るかいのある子はもっともで、どうしてかわいがらずにいられようかと思われる。たいしてかわいくもない子は、また、こんな子をいとしいと思うことは、親であるからだよと思うとしみじみとする。

親でも、主君でも、恋人でも、人に愛されることほどすばらしいことはないだろう。

ところで、**挿入句をハッキリ意識**して古文を読んでいますか？

現代語

私は、（主）（人からはそう言われませんけどね、）（挿）**いい人です。**（述）

〝言葉のかかり関係〟という意味で、古文の本文によくからんでいるのが**挿入句**です。右の現代語の例でも、「私は、いい人です。」という文に、挿入句（人からはそう言われませんけどね、）が割り込んでいるのです。挿入句は原則として**その句のみで完結**し、前後の文には意味がかからないので、㊟

述のかかり方は、赤の矢印のようになります。

古文でも全く同じ原則ですが、盲点となるのは、「」で切って直訳していると、なんとなく意味は通ってしまい、挿入句であることを強く意識できない、という点です。つまり、挿入句をはさんできかれた〝言葉のかかり関係〟を見落とし、**「ボケた直訳はとれたが、設問は解けなかった**（つまり、点はとれなかった）**」**という事態になってしまうのです。

文法書ではあまり解説されない挿入句、どー対処していけばよいのでしょうか? 挿入句は、それ自体完結した文で、句の最後は原則として**「文末」の形**になります。そこで、

「挿入」の目印“そこでおしまい”の形

〔文章が、**〝そこでおしまい〟**の形！〕

- 終止形。」
- 命令形。」
- 終助詞。」
- 係り結び。」（結び＝文末！）

↓ これらが文中にあったら変！

- セリフのカッコの最後
- 挿入句の最後
- 和歌の切れ目

を示している！

カッコの終わり！ 「〜〜〜」 と／とて／など

という読解原則のテクニックが活用できます。「文法を、読解に生かそう！」という視点もあわせて解説を進めてきましたが、このテクなどは、最も〝使える〟読解テクの一つなのです。

例文

ある所に男女ありけり。女の身高く、男はいやしけれど、（いかなることかありけむ）、あひにければ、～

挿　疑問　挿

［あるところに男と女がいた。女の身分は高く、男は卑しい身分であったけれど、いったいどのようなことがあったのであろうか、二人は結婚したので、～］

この例文で、まず、文中の疑問の係り結び（か～けむ）が、〝そこでおしまい〟の形として挿入句の〝文末〟を示しています。意味を考えてみると、この部分は、この文の筆者自身の疑問が、挿入句として文にさし込まれているワケなのです。

原則

挿入句は、たいてい、文の筆者の疑問・感想が多い！

そして、模式的には、「」ではさみ込まれて、

――――、（――――文末）、――――

〝そこでおしまい〟の形！

という形になり、〝言葉のかかり関係〟は、赤の矢印となります。

例題4

次の文を読んで、後の問いに答えよ。

道信の中将の、山吹の花を持ちて、上の御局といへる所を過ぎけるに、女房たちあまた居こぼれて、「さるめでたき物を持ちて、ただに過ぐるやうやある」と言ひかけたりければ、もとよりやまうけたりけむ、

　くちなしに千しほ八千しほ染めてけり

と言ひて差し入れたりければ、若き人々え取らざりければ、～（略）～

〈上智大・文〉

問　傍線部の意味として、次に挙げるものから最も適当なものを一つ選べ。

① 以前からの予想が当たって　② 当然のことながら心の準備があって

③ 前もって用意してあったのか　④ 言うまでもなく待ちかまえていたものらしく

この設問の出題意図がわかりますか？ **“言葉のかかり関係”**をきいているのです。傍線部が「～～～や《疑問》～～～けむ」という文中の疑問の係り結び（「けむ」のあとが、「、」だから、**ここで文が終わってないよね！ “そこでおしまい”の形の「係り結び」なのに、この傍線部の文が「。」とかカッコの最後の「と・とて・など」などで終わらず、「、」であることに注目！**）であることから、**「挿入句**

の最後だ！」とわかります。したがって、挿入句は前後の文には意味的にかからないことを考えて、

> 道信の中将の、山吹の花を持ちて、上の御局といへる所を過ぎけるに、女房たちあまた居こぼれて、「さるめでたき物を持ちて、ただに過ぐるやうやある」と言ひかけたりければ、（もとよりやまうけたりけむ）、
>
> くちなしに千しほ八千しほ染めてけり
>
> と言ひて差し入れたりければ、若き人々え取らざりければ、～（略）～

という〝かかり関係〟が発見できれば、傍線部は**「この文の筆者の疑問」を示す挿入句**とわかります。内容をあまりゴチャゴチャ考えなくても、この本文処理を根拠に選択肢を見てみると、**なんとビックリ**、「疑問」の訳の選択肢は③のみで、まさに即答です（**ザット本文のつながりをたどって、選択肢をザット照らし合わせれば、だれだって一分もかからないで解けるよ！　これに〝才能〟いりますかっ⁉　使う文法は**「**係り結び**」**だけだよ！**）。

みなさん、これはもう、大学側に合わせて勉強するしかありませんよ！

だれでも楽勝だし!!

試験にでる！　単語・文法・熟語

ℓ.1「あまた」副 ⇩多ク

2「ただに」形動「ただなり」の用 ⇩何デモナイ・普通ダ

2「まうけ」下二「まうく」の用 ⇩用意スル・準備スル

全文訳

道信の中将が、山吹の花を持って、上の御局といったところを通り過ぎたところ、女房たちが多く居ならんで、「そんなにすばらしい物を持って、何もしないで通りすぎてよいだろうか」と女房たちが道信に言いかけたところ、道信ははじめから準備していたのであろうか、

くちなしに千しほ八千しほ染めてけり（山吹色に何千回も染めたことだ）

と道信は言って山吹の花を差し入れたので、若い女房たちは（返歌をつけられず）取ることができなかったので、～

第二講 さらに得点アップ！の原則

「ゲッ，こんな**カンタン**なのぉ――！」

そのとーり。大学側は，何もムズカシイことはきいてないよ！

本文読解上，特に点がデカイ重要ポイントの整理！　基礎力を得点に結びつける読解上の視点！

チョロイチョロイ！　これに才能いりますか？　つーの！

だれでもつかめる**“ヤバイ”**視点！　自力でつかんで第一志望へまっしぐら！

出来のプレッシャーを自分で自分にかけず，わき目もふらず前へ前へ！　本番の，「**得点できるイメージ**」を固めまくれ！

原則 5

セリフのカッコ
―カッコは大得点源！ カッコがらみの読解テクニック―

元井の視点

カッコに注目！ 読解しつつカッコに神経を集中すべし！

カッコ（「　」）に注目！

評論文などとは違い、人情話の古文では、セリフのカッコと和歌に登場人物の心情が強く表れます。それゆえ、指示語がカッコを受けていたり、カッコ相互の対応関係が問われたりして、**カッコが正解の根拠**となることが多いのです。セリフのカッコこそは**〝大得点源〟**なのです。本文読解においてカッコをどのように処理し、アプローチしていけばよいのでしょうか。文構造の対応をなす重要なファクターとして、セリフのカッコに対する反射神経を作り上げてゆきましょう！

第一講・原則4で見てもらった読解テクニック**〝そこでおしまい〟の形**（➡一〇一ページ）は、初めて読む文章の読みにおいて、文の構造をハッキリさせ、得点力の向上に大きな威力を発揮することでしょう。〝そこでおしまい〟の形が示す三つの形、カッコの最後・挿入句・和歌の切れ目のうち、**点数に最も直結**するのは、セリフのカッコがらみの要素なのです。

現代文の評論文などでは、その文章の筆者自身が「、」「。」「カッコ」「段落」をつけています。それに比べて古文は、もともと草書体《そうしょ》のテクストから、出題する大学の先生が問題文の形式におこしているのです。

つまり、「、」「。」「カッコ」「段落」は大学の先生の解釈であって、**盲信してはいけない**のです。

「、」「。」、カッコや
段落を盲信するな！

たとえば、**第一講・原則4**で考えてもらった格助詞「の」の同格（➡八四ページ）も、同格の範囲が数行に及ぶような場合、「の」の下に「、」を打たれると、「の」が主格（〜が）に見えてしまったりします。みなさんはこの事実に注意して、あまり「、」「。」「カッコ」「段落」に引きずられず、**〝本文全体から部分を考える読み〟**を作っていかねばなりません。

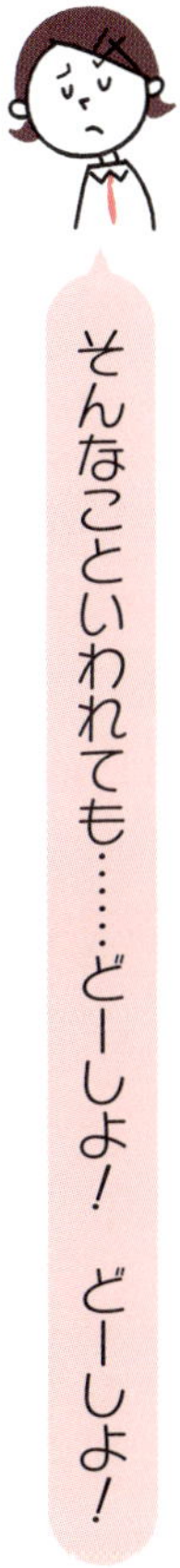
そんなこといわれても……どーしよ！　どーしよ！

なんて、パニック状態に陥っていませんか？　不安に思うことはありません。実はこの事実こそ、みなさんのねらい目なのです。

たとえば「段落」が出題者である大学の先生によって分けられているならば、本文の段落こそ、「出題者がなんらかの**大きな意味のまとまり**を認めている」にほかならず、そこを逆手《さかて》にとって、

原則

段落分けはなんらかのヒント！「時」「場面」「立場」などの変わり目!!

という、これまた〝使える〟読解テクにまとまるワケなのです。

したがって、セリフのカッコもまた、本文中で、カッコがついていたり、いなかったり（設問がらみでワザとかもよー！）です。みなさんはこの事実に対し、ビビることなく反応し、これもまた普段の本文読解の指針に取り込んで、

原則

カッコの範囲をいつも意識しよう！

1. カッコがついているときも、始まりと終わりを常に確認する。
2. 心の中のセリフにカッコがついていないとき、設問できかれていなくても、〝そこでおしまい〟の形などを手がかりに、自分でカッコの範囲を確定しておく。

というスタンスが大切です（全訳なんかもあったら徹底活用して、いつもいつもカッコの形をイッパイ見ておこう！）。

セリフのカッコは、点がデカイ！　ヤバイ！

こういうイメージはすでにお持ちでしょう。指示語がカッコをさしていたりして、設問の正解根拠にもカッコは**からみまくり**ですね。なぜセリフのカッコは配点が高い（**すなわち、大学側が重視している**）のでしょうか？

“古文は、しょせん、人情話！　メインの登場人物は二〜三人！”（第一講・原則2 【➡四六ページ】）の原則を覚えていますか。カッコの配点がデカイ理由がまさにここにあります（**和歌も同じだよ！**）。

つまり、

カッコや和歌で感情読み取れ！

人情話の古文では、カッコや和歌によって、登場人物の感情（⊕・⊖）が、具体的に、端的に述べられる！

ということなのです。これが大学入試の古文において、カッコや和歌の配点が高い理由なのです。

対処！　対処！

例題1

次の文章を読んで、後の問いに答えよ。

守景は久隅氏、通名半兵衛、探幽《たんゆう》法印の弟子にて画を能《よ》くす。家貧なれども、其の志高く、容易《たやす》く人の需《もと》めに応ずることなし。加賀侯《こう》守景を召して金沢に留め給ふこと三年に及びしかども、扶持《ふち》賜《たまは》るけしきもなかりしかば、「かくては故郷にあるも同じ。帰りなん」とて、侯《こう》の近侍《きんじ》せる士に別れを告げしかば、理《ことわり》なり、とて其の由《よし》を申しけるに、侯笑ひ給ひて、吾《われ》よくこれを知れり、然《しか》れども守景は胆《きも》太くして、人の需めに従ふものにあらず。其の画もとより世に稀《まれ》なるものなり。されば此の男に禄《ろく》を与へば、画を書くことをばせじと思ひて、かく貧しからしむ。今は三年に及べば、画も国中に多く残りなん。さらば扶持すべし、とて、ともしからず賜《たま》ひしとぞ。

『近世畸人伝』〈甲南大・経営〉

問一　傍線部「さらば扶持すべし」で終わる会話文はどこから始まっているか。その始めの五文字を記せ。

問二　この文にはさらにもう一か所セリフのカッコをつけていない会話文がある。その部分をそのまま抜き出して記せ。

正解は、**問一**が、**「吾よくこれ」**。**問二**が、**「理なり」**です。本文が難解ではないので、設問できかれてから、**ネチネチ本文の直訳**で考えても正解できる設問ですが、大学側が見ているのは、まさに問題処理能力なのであって、古文のこの設問にどれだけ時間がかかるかが、本番では国語の総合点として合否に直結してしまうのです（**先に設問見て、カッコつけがきかれているのがわかってから本文読めば、より速く解けるよネ！ ムズカシイ現文にできるだけ時間をまわすべし！**）。つまり、

守景は久隅氏、通名半兵衛、探幽《たんゆう》法印の弟子にて画を能《よ》くす。家貧なれども、其の志高く、容易《たやす》く人の需《もと》めに応ずることなし。加賀侯《こう》守景を召して金沢に留め給ふこと三年に及びしかども、扶持《ふち》賜《たまは》るけしきもなかりしかば、「かくては故郷にあるも同じ。帰りなん」とて、侯《こう》の近侍《きんじ》せる士に別れを告げしかば、「理《ことわり》なり」、とて其の由《よし》を申しけるに、侯笑ひ給ひて、「吾《われ》よくこれを知れり、然《しか》れども守景は胆《きも》太くして、人の需めに従ふものにあらず。其の画もとより世に稀《まれ》なるものなり。されば此の男に禄《ろく》を与へば、画を書くことをばせじと思ひて、かく貧しからしむ。今は三年に及べば、画も国中に多く残りなん。さらば扶持すべし」、とて、ともしからず賜《たま》ひしとぞ。

（なり）文中の終止形！＝断定「なり」の終

（べし）文中の終止形！＝意志「べし」の終

という読みの反応によって、この程度の設問は本番では**即答**しなければならないのです（**○ついて安心！の○×勉強は、この〝速さ〟を考えていないのが盲点！**）。

日ごろから「カッコつけ」！

本番でカッコつけに時間をくわないために、先にまとめた**カッコつけの原則**で、普段からカッコの形に注意しておくことが必要なのです。これぞ「大学側の出題意図に合わせた勉強」！とは言っても身がまえることはなく、「いつもいつもカッコの形をたくさんの量見とけ！」というカンタンな対処なのですから**チョロイチョロイ！**

大学側が受験生に求めているのは、「基礎をしっかりとふまえた、日本語として正常な読み」であり、**「前後二人の対話」を見抜け！**という原則を、**第一講・原則2**（⬇二九ページ）でおさえてもらいました。

試験にでる！　単語・文法・熟語

ℓ.3 「けしき」名⬇様子・機嫌

3 「帰りなん」⬇〈用＋なむ（強意「ぬ」の未「な」＋推量・意志の「む」）〉

4 「然れども」熟⬇ソウデハアルケレド

5 「稀《まれ》なる」形動「まれなり」の体⬇メズラシイ

7 「ともしから」形「ともし」の未⬇少ナイ

全文訳

守景は久隅《くずみ》氏、通称半兵衛、狩野《かのう》探幽の弟子で画がうまかった。家は貧しかったけれど、志は高く、簡単に（絵を描いてくれという）人の要求に応ずることはなかった。加賀の前田侯が守景をお呼びになって金沢に留めなさること三年になったけれど、守景に給与をくださる様子もなかったので、守景は「これでは故郷にいるのも同じこと。帰ろう」と言って、前田侯のおそばに仕える武士に別れを告げたので、その武士は「もっともである」と言って、そのことを前田侯に申し上げたところ、前田侯は笑いなさって、「私はこのことをよく知っていた。そうではあるが、守景は大胆で、人の要求に従わない。守景の絵はもともと世にまれなほど少ない。だからこの男に給与を与えるならば、絵を描かないだろうと思って、このように貧しくさせておいたのだ。今は三年もたつので、守景の絵も国中に多く残っているだろう。それならば給与を与えよう」と言って、多く給与をくださった、という話だ。

例題2

次の文章を読み、後の問いに答えよ。

御堂関白大堰《おほゐ》川にて遊覧し給ひし時、詩歌の船をわかちて、各々堪能《かんのう》の人々を乗せられけるに、四條大納言に仰せられていはく、「いづれの船に乗るべきぞや」と。大納言いはく、「和歌の船に乗るべし」とて乗られにけり。さてよめる、

朝まだき嵐の山の寒ければ散るもみぢばをきぬ人ぞなき〜（略）〜

『古今著聞集』〈専修大・経・改〉

問 傍線部「べき」の意味は、次のうちどれか。

①適当　②意志　③可能　④当然　⑤推量

この設問を本番で自信を持って即答するために、普段からどのように本文の読みを作っておくか、という視点が大切です（今、この設問できるか、できないかということよりもネ！）。

設問的にはよくある**「べし」の識別文法問題**で、正解は②の「意志」です。「スイカ止めてよ（す「推量」・い「意志」・か「可能」・と「当然」・め「命令」・て「適当」・よ「予定」）」などの基礎知識によって（「好いてよと亀」なんてのもあるよネー！）、「乗るべき」の直訳を考え、

とかやっているのが大半の受験生。**全然ダメ**ですよ。第一、時間くうし。大学側は制限時間内の問題処理能力をきいているのですから、たとえできても、時間くってはならないのです。目指すべきは〝即答〟する**反射神経**なのです。助動詞はまさに〝読んで字の如《ごと》し〟、動詞を助けています。動詞の主語・目的語のつながりが〝文脈〟だとすれば、

助動詞も文脈から！

助動詞の意味は、具体的な本文の〝文脈〟が決める！

のです。

この設問の「乗るべき」という表現も、違った文脈の中で「乗るべき」と使われていたら、この表現自体が全く同じでも、助動詞「べき」の意味はさまざまに変わってくるのです。したがって受験生としては、「乗るべき」だけを取り出してきてその直訳のみで考える、といった方向など**論外**です。もっと大きく、この本文の文脈から「べき」を判定しなければなりません。

そこで、本文にある二つのカッコに注目してみると、キレイなくらい**「前後二人の対話」**になっているではありませんか。

関→大「いづれの船に乗る べき ぞや」
大→関「和歌の船に乗る べし」
※対比！

本文の具体的な文脈として、この**カッコの対応関係**に注目すればよいのです。

傍線部「べき」は、船遊びの主催者「関白」の「質問」のカッコの中にあり、有能で漢詩の船・和歌の船いずれに乗ってもおかしくない大納言は、ℓ.2〜ℓ.3のカッコで、

「（**私は**）**和歌の船に乗りましょう**」

意思

と**「答え」**ているのです。すなわち設問の「べき」を判定するには、**〈質問—答え〉の関係**にある大納言のカッコとの対応を見ればカンタンで、「主語が一人称（私）のときは、**意志**が多い」という基

礎知識によって、大納言のカッコの「乗るべし」の「べし」は「意志」とわかります。
この対応を根拠に傍線部「べき」を考えれば、正解は②の「意志」、自信を持って即答ですね。主催者の関白は、「有能なお前は、どの船に乗るつもりなのか?」と「質問」しているのです。

基礎をふまえ、本文の文脈を正常な読みとしてたどり、文法も文脈的にアプローチ!

すれば、だれでも〝即答〟できる、ということなのです。
大学側が求める〝正常な読み〟という方向で、カッコがらみで使えるのが、次の読解テクです。

原則

セリフのカッコの前後の用言(動詞・形容詞・形容動詞)でカッコのニュアンス(⊕・⊖)をつかめ!

例文 「かくのたまへば、させむと思ふやうになりぬ。いみじくなむ」とつらきことかぎりなし。

〔「このようにおっしゃるので、そうしようと思うようになった。たいそう困った《「いみじく」》なあ」とつらく思うことはこの上ない〕

たとえばこんな文章で、傍線部「いみじく」の具体的な意味がきかれます。「いみじ」自体は、「タイソウ～ダ」という意味で、前後の文脈によって、⊕にも⊖にもなりうる(「タイソウ楽シイ」も、「タイソウ悲シイ」も、ともにある）のでやっかいです。

そんな場合には、前のページの原則（カッコ前後の用言！）に従って、カッコと地の文（本文でセリフのカッコ以外の部分）との対応をさぐれば、「つらき⊖」が見つかり、

カッコの内容のヒントはカッコ前後に！

「〜〜〜〜〜〜〜⊖」とつらき⊖ことかぎりなし。

という至極単純な文構造が見えてきます。〝単純〟というのは、たとえばカッコの内容が全く訳せなくても（この例文のカッコも指示語が多くて意味がハッキリしない）、大きくカッコのニュアンスはつかめる、という意味です。そして選択肢で「いみじく」の内容がきかれているとしたら、

選
- ~~①~~ うれしい ⊕
- ② かなしい ⊖
- ~~③~~ よろこばしい ⊕
- ④ 困った ⊖
- ~~⑤~~ 楽しい ⊕
- ⑥ ひどい ⊖

という⊕・⊖のポイントと、本文の対応「つらき⊖」とを照合し、⊕系の①③⑤即消し！　です。あとは前後の本文の具体的な意味から、④で正解（**第三講・実戦1** 【➡二四〇ページ】で、**「選択肢と本文の照合」をやるよ**）。

本番では、こんな作業をするイメージを作りつつ、本文の読みとして、カッコと前後の地の文との対応を多く見てください。とはいってもあまり**公式チックに考えることはありません。**たとえば現文の小説などだったら、もはや無意識に反応しているはず。

現代語　「ひどい」と彼女は、悲しそうに言って、〜〜

という対応を見る視点（赤の矢印）なのであって、要は、

古文も、現代文と同じく正常に読め！

やっぱり「当たり前」の読み！

ということなのですよ。

試験にでる！　単語・文法・熟語

ℓ.1 「わかち」四「わかつ」の用
⬇分ケル

4 「まだき」形「まだし」の体
⬇マダ早イ・未熟ダ

全文訳

御堂《みどう》関白が、大堰川で遊覧しなさったとき、漢詩の船と和歌の船を分けて、それぞれ才能ある人々を乗せなさったところ、(主催者の)関白が四条大納言におっしゃることには「あなたはどの船に乗るつもりなのか」と。大納言が言うには「和歌の船に乗るつもりです」と言って乗りなさった。

そうして次の歌を詠んだ。

朝まだき～(朝まだ早い嵐山に嵐が吹いて寒いので、風に散る紅葉の葉を身につけない人はない)

例題3【第一講・原則3 例題2 再録】

次の文章は『栄花《えいが》物語』の一節である。藤原伊周《これちか》・隆家兄弟は、藤原道長との政争に敗れて、伊周は播《はり》磨《ま》に、隆家は但馬《たじま》に配流《はいる》されている。これを読んで、後の問いに答えよ。

はかなく秋にもなりぬれば、世の中いとどあはれに、荻《をぎ》吹く風の音も、遠きほどの御けはひのそよめきに、おぼしよそへられにけり。播磨よりも但馬よりも、日々に人参り通ふ。北の方の御心地いやまさりに重りにければ、ことごとなし。「*帥《そち》殿今一度見奉りて死なむ死なむ」といふことを、寝てもさめてものたまへば、*宮の御前もいみじう心苦しきことにおぼしめし、この*御はらからの主たちも、「いかなるべきことにか」と思ひまはせど、なほ、いと恐ろし。北の方はせちに泣き恋ひ奉り給《たま》ふ。見聞き奉る人々もやすからず思ひ聞こえたり。

播磨にはかくと聞き給ひて、「いかにすべきことにかはあらむ。事の聞こえあらば、わが身こそはいよいよ不用のものになりはてて、都を見でやみなめ」など、よろづにおぼしつづけて、ただ、とにかくに御涙のみぞひまなきや。「さばれ、この身は、またはいかがはならむとする。(1)これにまさるやうは」とおぼしなりて、「親の限りにおはせむ見奉りたりとて、おほやけもいとど罪せさせ給ひ、神仏もにくませ給はば、なほ、(2)さるべきなめりとこそは思はめ」とおぼしたちて、夜を昼にて上り給ふ。

さて、*宮の内には事の聞こえあるべければ、この西の京に西院といふ所に、いみじう忍びて夜中におはしたれば*上も宮もいと忍びてそこにおはしましあひたり。この西院も、*殿のおはしまし折、この北の方の、かやうの所をわざと尋ねかへりみさせ給ひしかば、その折の御心ばへどもに思ひてもらすまじき所を、おぼしよりたりけり。母北の方も、宮の御前も、御方々も、殿も見奉りかはさせ給ひて、また、いまさらの御対面の喜びの御涙も、いとおどろおどろしういみじ。上は、かしこく御車に乗せ奉りて、おましながらかきおろし奉りける。いと不覚になりにける御心地なりけれど、よろづ騒がしう泣く泣く聞こえ給ひて、「今は心安く死にもし侍《はべ》るべきかな」と、よろこび聞こえ給ふも、いかでかはおろかに。あはれに悲しとも世の常なりや。

〈センター本試〉

（注）*帥殿――伊周のこと。　*宮の御前――伊周の妹、中宮定子。
*御はらからの主たち――北の方の兄弟。　*宮の内――中宮定子の居所。
*上――伊周の母、北の方のこと。　*殿――伊周の父、故藤原道隆のこと。

問　傍線部(1)「これにまさるやうは」、および傍線部(2)「さるべきなめりとこそは思はめ」にうかがわれる伊周の心情についての説明として最も適当なものを、次の①〜⑥のうちから一つ選べ。

①自分がどのように振る舞っても今の事態を好転させることはできないと考えるようになり、親と対面すれば状況がさらに困難になるのは避けられないであろうと覚悟した。

②自分がどのように振る舞っても今の事態を好転させることはできないと考えるようになり、親との対面によって状況がさらに困難になるようであれば、それは運命とあきらめようと決意した。

③自分がどうなろうとも今以上の苦境はあるまいと考えるようになり、親との対面が状況をさらに困難にするようなことはあり得ないと判断した。

④自分がどうなろうとも今以上の苦境はあるまいと考えるようになり、親との対面によって状況がさらに困難になるようであれば、それは運命とあきらめようと決意した。

⑤自分がどうなろうと母親の望みをかなえるのが一番よいと考えるようになり、親と対面すれば状況がさらに困難になるのは避けられないであろうと覚悟した。

⑥自分がどうなろうと母親の望みをかなえるのが一番よいと考えるようになり、親との対面が状況をさらに困難にするようなことはあり得ないと判断した。

何の指針もなくとりかかると、確実に時間をくってしまう**イヤな設問**です。傍線は(1)・(2)の**二本**が引かれ（ビビるよネ！）、選択肢の現代語も**ダラダラ**と長く、フィーリングによってスッキリ解くことは不可能です。正解は④です。

この設問では何が問われているのか、分析してみましょう。

まず、本文を見ます。特徴的なのは、大きく見ると全体が三つの段落に分かれていることで、**「段落分けはなんらかのヒント！** （➡一一〇ページ）**」**とアプローチし、説明文をふまえると、

〔第一段落〕
都に残された母北の方が重病で伊周に会いたがっている（都）

〔第二段落〕
播磨の伊周の状況（播磨）

〔第三段落〕
伊周が朝廷の許可を得ず、都に帰り、親子の対面（都）

◎「場所」で段落分けされている！

という段落構成（「場所」**で段落が分けられている**）が大まかに見えてきます。傍線(1)・(2)が引かれている第二段落を見てみると、この段落は三つの伊周のカッコが記述の中心となっています。

❶ ℓ.7〜ℓ.8
「いかにすべき〜〜〜見でやみなめ」など、よろづにおぼしつづけて、

❷ ℓ.9〜ℓ.10
「さばれ、この身は、〜〜〜(1)これにまさるやうは」とおぼしなりて、

❸ ℓ.10〜ℓ.11
「親の限りにおはせむ〜〜〜(2)さるべきなめりとこそ思はめ」とおぼしたちて、

「思ひ立つ」（決心スル）の尊敬語

カッコ前後の用言でニュアンスつかめ！ とアプローチすれば、

伊周は、（主）
カッコ❶と思いつづけなさり、
カッコ❷（傍線(1)）**と、思うようになりなさり、**
カッコ❸（傍線(2)）**と、決心なさって、**
上京なさった。

という具合に、大きく第二段落の構造がつかめます。これと選択肢の現代語をそれぞれザット照合すればよいのですが、大学側の出題意図を考えるために、正解④との照合を直接見てください。

> ④「自分がどうなろうとも今以上の苦境はあるまい」と考えるようになり、「親との対面によって状況がさらに困難になるようであれば、それは運命とあきらめよう」と決意した。
>
> （「自分がどうなろうとも今以上の苦境はあるまい」＝カッコ❷と対応！　今＝※説明文から「播磨に配流」で㊀！　考えるようになり＝「おぼしなり」　「親との対面によって状況がさらに困難になるようであれば、それは運命とあきらめよう」＝カッコ❸と対応！　決意した＝「おぼしたち」）

と対応し、本文の構造、つまり、**カッコの形自体が、答えになっている！** のです。

これは実は、よくある正解根拠の、本文におけるあり方です。たとえば、よく逆接がらみで、カッコの前後を意識して見よ！

「〜〜〜〜〜」ダケレド、「〜〜〜〜〜」

(已)＋「ど（ども）」、逆接など！

◎この形に対応している選択肢が正解！

というパターンで、正解の根拠になっていたりしています。センターの**例題3**は逆接がらみではありませんが（**これは順接の単純接続**）、それぞれのカッコの次の地の文が、三つのカッコの相互関係を結びつけ、特に、暗記系基礎の「おもひたつ（決心スル）」の尊敬語 ℓ.11「おぼしたち」は、正解の選択肢④の「決意した」と対応したりしています。

〝正解そのもの〟ともいえるセリフのカッコを、前後の地の文との関係において、普段から**意識して見まくって**ください。まとめとして、

原則

カッコの処理

❶ **カッコのおわり**（⬇〝そこでおしまい〟の形）

❷ **カッコのはじまり**（法則性はないので、おしまいからさぐって確定する）

❸ **カッコ前後の地の文との関係**

- **「だれがだれに言っているか？」**（結局、やっぱ主語・目的語だね！）
- **カッコ全体のニュアンス**（⊕・⊖）
- **ほかのカッコとの相互関係**

この二つは、たいてい、カッコ内の訳がわからなくてもとれることが多い！

といった要素が本文のカッコを研究するときの目のつけどころです。

【例題3の「試験にでる！　単語・文法・熟語」および「全文訳」は第一講・原則③　例題2【⬇六八〜七〇ページ】参照】

例題4

次の文章を読んで、後の問いに答えよ。

むかし、(1)世心つける女、(2)いかで心なさけあらむをとこにあひえてしがなとおもへど、言ひ出でむもたよりなさに、まことならぬ夢語りをす。子三人を呼びて、かたりけり。二人の子は、なさけなくいらへて止みぬ。三郎なりける子なん、「よき御男ぞいでこむ」と(3)あはするに、この女、気色いとよし。こと人はいとなさけなし。いかでこの在五中将にあはせてしがなと思ふ心あり。狩しありきけるにいきあひて、道にてうまの口をとりて、「かうかうなむ思ふ」といひければ、(4)あはれがりて、来て寝にけり。〜（略）〜

『伊勢物語』〈学習院大・文〉

問一　傍線(1)「世心つける女」の意味は何か。最も適当なものを、次の①〜④の中から選べ。

① 異性に強い関心をもつ女　② 世間ずれした女
③ 浮気な女　④ 世情に通じた女

問二　傍線(2)「いかで」の意味は何か。最も適当なものを、次の①〜④の中から選べ。

① どのようにして　② なにはさておき　③ なんとかして　④ どうしたら

問三　傍線(3)「あはするに」の意味は何か。最も適当なものを、次の①〜④の中から選べ。

①口うらを合わせたところ　②女を男に会わせたところ
③女に同調したところ　④夢を解釈したところ

問四　傍線(4)「あはれがりて」の対象は何か。最も適当なものを、次の①〜⑤の中から選べ。

①女の心情　②男の心情　③子の心情
④女と男の心情　⑤女と子の心情

問五　二重傍線部「かうかうなむ思う」を訳せ。

正解は、以下のとおりです。

問一　①　問二　③　問三　④　問四　③
問五　母がなんとかして風流心のあるよい男とつき合いたいと思っているので、会ってやってほしいと思います。

あせって設問の選択肢へいく前に、まずは、本番での理想的な読みとして、

むかし、(1)世心つける女、(2)いかで心なさけあらむをとこにあひえてしがなとおもへど、言ひ出でむもたよりなさに、まことならぬ夢語りをす。子三人を呼びて、かたりけり。二人の子は、なさけなくいらへて止みぬ。三郎なりける子なん、「よき御男ぞいでこむ」と(3)あはするに、この女、気色いとよし。こと人はいとなさけなし。いかでこの在五中将にあはせてしがなと思ふ心あり。狩しありきけるにいきあひて、道にてうまの口をとりて、「かうかうなむ思ふ」といひければ、(4)あはれがりて、来て寝にけり。

と読めれば、設問自体は**問五**の記述も含め即答です。ほとんどの設問を解くのにカッコの要素がからんでいて、古文の読解上**カッコを重視して読む**ことをみなさんにうながすのに最適な良問といえます。
受験のための勉強としてねらうべきは、やはり**「点数と速さ」**だと思うのです。設問分析から正しい読解（**本文のたどり方**）をつかみとってください。

問一は、基礎系で、**原則1の例題**でも内容的にからんでいた、

基礎 「世（世の中）」名 男女ノ仲・現世・コノ世

という暗記系の知識をきいています。この基礎で①「異性に強い関心をもつ女」は即答なのですが、さらに踏み込んで文脈的な意味を考えてみましょう。

傍線(1)「世心つける女」は、子供たちの母親で、**問一**の正解をふまえると、「男好きなお母さん」ということになります。その「女」が主語になって次の傍線(2)「いかで」から始まるカッコを「思ふ」のです。このカッコは**母の心の中のセリフ**として読解上自分でつけねばなりません。こうした要素をきいているのが**問二**です。

問二は文法問題で、よくでる**「いかで」の識別**です。正解は③です。

文法知識を整理しましょう。

基礎 「いかで」副

① **疑問** ナゼ・ドウシテ
② **反語** ドウシテ〜ダロウカ、イヤ、〜ナイ。
③ **願望** 何トカシテ（〜シタイ）。

という基礎の暗記を前提に、「いかで」の識別は実に**〝試験によくでる〟**のです。答えに多いのは、

③・②の順です。この設問でもやはり③「なんとかして」が正解で、最頻出の「願望」が問われています。「いかで」の識別で答えが「願望」のとき、ちょっと公式チックですが、

試験によくでる！　絶対に暗記すべし!!

◎「いかで」の下に目をとばし、「希望・願望・あつらえ・意志（打消意志）」があったら、「願望」を疑え！

〜〜〜いかで〜〜〜
願望（何トカシテ）

- (未)＋ばや。→希望・願望の終助詞　〜シタイナア。（自分系の希望・願望！）
- (未)＋なむ。→「あつらえ」の終助詞　（人ニ）「あつらえ」！〜シテホシイナア。
- (用)＋てしがな。／にしがな。→希望・願望の終助詞　〜ダッタライイナア。
- む→「意志」のとき！（「いかで」が疑問・反語の両方ありえるので注意！）
- じ・まじ→「打消意志」〜シナイツモリダ　のとき！

というパターンがあります。この問二でも、ℓ.1の下に「あひえてしがな」の「(用)＋てしがな」があるので「願望」の③即答です。

問二も、問一同様、文脈的にアプローチしてみましょう。

この傍線(2)「いかで」は、先に示した本番での理想的な読み（➡一二九ページ）でいうと、女のカッコになっていて、本番では自分で処理したい〝カッコつけの要素〟のからみなのです。**第一講・原則4〝そこでおしまい〟の形**（➡一〇一ページ）を思い出してください。

本番でこの本文を初めて読んだとシミュレーションすると、ℓ.1を読みつつ目につくのが、ℓ.1の下の**「てしがな」**です。

これは基本的によくでる**「希望・願望の終助詞」**で、「てしがな」が終助詞にもかかわらず、ここで文が終わっていない、つまり、「文中の終助詞」となっていて、**〝変！〟**です。「てしがな」の下に注目すると、**「と」**がありますので、「これは**カッコの最後**じゃん！」とわかります。カッコの始まりをさぐって上に目をもどすと、「世心つける女」が主語となっていて（**問一はここをきいている！**）、「いかで〜てしがな（何トカシテ〜シタイナア）」というカッコの形がハッキリします。

> むかし、(1)世心つける女、「(2)いかで心なさけあらむをとこにあひえてしがな」とおもへど、
>
> （が／願望／え＝「得」の用（ア・下二）／用＋「てしがな」／◎文中の終助詞！）

このように、問二できかれる以前に、自分の読みとしてカッコつけを処理しておきたいのです。その読みを根拠にすれば、問二できかれたときも、文法的にゴチャゴチャせず、自信を持って③「願望」

を即答できるワケなのです。一見、〝ド文法〟問題に見える問二も、文脈的にアプローチすることで、ほかの受験生に差をつけられるのです（特に時間的にネ！　これが本番ではモノをいうんだなぁー!!）。

問三は、ℓ.3の傍線(3)「あはする（「合はす」(下二)）」の目的語をきいています。正解は④「夢を解釈したところ」です。単語・文法による直訳で答えが導き出されるのではないところがミソです。

「合はす」自体は暗記系の単語ではありません（実は、現代語と同じ意味）。逆に本番では多少知っている単語・文法が傍線にからんでいたほうが、〝とっかかり〟としては安心であって、この傍線(3)みたいに素っ気ない傍線はキモチワルイものです。この手の傍線には、

“キモチワルイ”傍線の処理！

原則

〝キモチワルイ〟傍線は、たいてい前後との対応関係をきいている！傍線・空欄に引きずられず、前後の対応に目をとばせ！

という原則がききます。

この原則に従って傍線の前後をさぐってみると、傍線(3)の結果、「この女、気色いとよし」と直後で言っています。また、傍線(3)以前の「女」の「行動」をさぐる（対応・(主)・(目)の一致！）と、ℓ.2「まことならぬ夢語りをす」以外に、はっきりした「女」の「行動」はありません。

この本文対応を根拠に選択肢と照合し、迷わず④即答（④のみ「夢」！）です。実はこの設問、対

応をきいていたワケで、それゆえ、傍線(3)は傍線部のみで考えるとキモチワルイ感じだったのです。

文脈的にアプローチしてみると、この対応もカッコがらみで、ℓ.2「まこと」は、ℓ.1でつけた女のカッコの内容を受けているワケですから、

ℓ.1

●「いかで〜をとこにあひ〜」と言うのが恥ずかしいので、母は子どもらにウソの「夢語り」

ℓ.3

●㊂「よき御男ぞいでこむ」と(3)あはする

※対応（ヒントのキーワード）

㊂は

照合

選④！

ということなのです。

問四も、実は対応をきいていて、正解は③「子の心情」ですが、⑤「女と子の心情」が〝ひっかけ〟です。この〝ひっかけ〟方がたいへんお勉強になるので、読解に生かしていきたい要素をこの設問分析からつかんでください。「なぜ⑤ではいけないのか？」というさぐりが大切です。形動「あはれなり」（シミジミト〜ダ）は基本ですが、前後の対応で具体的な意味が変わってくるのであまり頼れません。そこで思い出していただきたいのが、**第一講・原則3「順接・逆接」**の原則、「傍線に引きずられず、前後の順・逆（＋・－）をさぐれ！」（➡六八ページ）です。ℓ.5〜ℓ.6の傍線(4)「あはれがりて」に引きずられず、日をとばしてみると、

いきあひて、道にてうまの口をとりて、「かうかうなむ思ふ」といひければ、あはれ(4)がりて、

（三は／「て」の前後 主 一致！／三／已＋「ば」（〜ノデ）／中は／（シミジミ／ト感動シテ）

という ℓ.5「ければ」の順接（原因・理由）の文脈がハッキリします。つまり、傍線(4)の**原因・理由**として強く対応しているのは、ℓ.5「かうかうなむ思ふ」の**カッコ**である、とわかるのです。

このカッコは、もしカッコの内容が訳せなくても、前後の地の文との関係で（**接続助詞「て」のからみ！**）「三郎のカッコ」とわかるので、この本文対応を根拠に、選択肢は「子（三）」のみが正解で（**つまり、「かうかう〜」のカッコの直訳が全くできなくても、問四は正解できる！**）、「女（母）」をも含む⑤は不可です。中将は、**子の**、母思いの気持ちに、しみじみと感動した、というのが文脈です。

問五は、記述で**一瞬ビビリ**ますが、カッコがらみの対応をきいている点では、記述も客観も本文根拠の見つけ方は同じです。

第一講・原則2「指示語」を思い出してください。㊓のまとめ（⇩三二ページ）で、**「かうかう（コレコレ）」**（**セリフのカッコをよく受ける**）をやったのを覚えていますか？　傍線(4)にからむ「かうかう」がその典型例です。本文対応は、

文脈から「対応」見抜け！

ℓ.5 ㊂‖「かうかうなむ思ふ」
※対応 ⬇最も近いカッコ（主・目一致！）→ ㊂！

ℓ.4 ㊂‖「いかでこの在五〜〜てしがな」
※対応 〈採点基準〉
◎「息子㊂がかなえたいのは、母の願望」という文脈。〝対応するヒントのキーワード〟「いかで」!!
（ℓ.4「いかで」 ℓ.1「いかで」）

ℓ.1 女「いかで心なさけ〜〜てしがな」
〈採点基準〉

ということなのです。

あとは読みとったこの対応の要素を、基礎をふまえて答案に盛り込めば、記述問題であろうと〝満点〟というワケなのです（絶対イケるぜ！ これは!!）。

記述問題の〈採点基準〉が本文にどーあるか？ という視点で、あらためて正解を見てみますると、

正解 **母が風流心のあるよい男とつき合いたいと思っているので、会ってやってほしいと思います。**

（なんとか ℓ.1母「女」カッコ！）
（なんとか ℓ.4息子㊂カッコ！）

と、**「本文の文対応がそのまま答え！」**になっています。「記述だからといってあせって話を作ったりせず、おちついて、本文の文脈をたどり、対応を見抜ければよい」ということの分析こそ、何をかくそう、実は、大学側の**出題意図とピッタリ一致**しているのです（**いただきだぜ！　これは!!**）。

試験にでる！
単語・文法・熟語

ℓ.1「世」（世の中）名 ➡男女ノ仲
1「いかで」副 願望➡何トカシテ
1「なさけ」名 ➡風流心・人情
1「あひ」四「逢《あ》ふ」の用
➡会ウ・結婚シテツキ合ウ
1「てしがな」用＋{てしがな／にしがな}
➡〈終助 希望・願望〉～シタイナア

3「いらへ」下二「答《いら》ふ」の用 ➡答エル
4「こと人」熟 ➡別ノ人（男）
➡〈異＋名〉他ノ～・別ノ～
4「あはせ」下二「あはす」の用
➡（～ト）会ワセル・（～ト）結婚サセル
5「かうかう」指 ➡コレコレ
5「あはれがり」四「あはれがる」の用
➡感動スル・カワイガル・カワイソガル

全文訳

昔、異性に強い関心を持つ女が「なんとかして風流心のある男に会ってつき合えたらいいなあ」と思うけれど言い出したとしてもたよりないことなので、本当ではない夢語りをする。自分の子ども三人を呼んで女は語った。二人の子は情けなく答えてそれでおしまいとなった。三男である子が

「よい男が出てくるでしょう」と夢合わせをしたので、この女は、たいそう機嫌がよい。ほかの子どもたちは全く冷たい。三男には「なんとかして、この在五中将に母を会わせたいものだ」と思う心がある。中将が狩りをしているところに行きあたって、三男は馬の口を手にとって中将に「母にあなたさまを会わせたいと思います」と言ったので、中将は三男の孝行な心に感動して、来て女と寝た。

以上の設問分析から、直接的間接的に、とにかく得点に**からみまくる**セリフの**カッコの重要性**がおわかりいただけたでしょうか。

普段から、セリフのカッコに注目せずんばあらず！

（サ変「す」の未）

cf.「～ずんばあらず」⇩～シナイワケニハイカナイ

（でるぜ！　漢文とか擬古文《ぎこぶん》で！）

古文の答えは目前にアリ！

このスタンスは、**即、全員採用**すべきですね。多少細かな視点を整理してもらいましたが、たとえば数学なんかのムズカシサと比較してみてください。数学は受験生自身が答えを演繹《えんえき》しなければなりませんが（解答用紙がマッ白！　頭もマッ白になるよー！　ムズカシー！）、古文などは、しょせん、人情話の本文で、目をとばせば**答えが目の前に書いてある**のです。あとは、ちゃんと基礎をふまえ、大学側の出題意図に合った本文読解の仕方を身につければ、こんなに手堅い科目はほかにないのではないでしょうか。多少のはやりすたりはあっても、**古文の単語はこれ以上増えません。**

国語の得点倍増計画の核として、古文を固めるにしかず！

cf.

「（Aスルヨリハ）Bするにしかず（不如）」

＝「しかず、Bするには」（倒置形）

⬇ Aスルヨリハ、Bスルホウガヨイ

◎これは古文でも漢文でもよくでる！
すかさずお勉強！　暗記すべし！

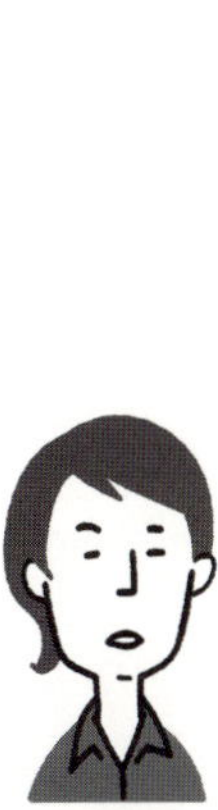

原則

6

敬語を読みに使え!

—敬語を使えば楽勝で解ける—

元井の視点

敬語の文法知識を、読みに活用すべし!

「敬語についての文法問題なら解けるが、敬語を読みに使うとはどーいうことかわからない」、とよく質問されます。「基礎をふまえた客観的な本文の構造を問う」大学側の出題意図に沿って、〝読解に敬語を活用する〟には、いったいどのようにアプローチしてゆけばよいのでしょうか。

「敬語はムズカシイから嫌いだー!」という向きもあるようですが、敬語こそ、読解上の武器として、それはそれはパワフルなのです。

本番レベルの設問分析から敬語の活用法をつかみ、古文読解の武装化に磨きをかけ、〝単純で(時間くわない!)力強い読解力〟を身につけませう!

その1　敬意のガイドライン

文法的にはカナリわかってても、敬語をどのように読みに使ってけばいーのか、わかんない!!

「おお！　なんて、〝もったいない〟!!」

敬語について質問されるつど、私はこう思ってしまいます。古文の読解テクの中でも、使えるときには**最もシャープに使える武器**が敬語なのです。敬語を使って、より鋭い読みを作り上げ、古文武装化計画！

まずは敬語の**原則**を確認！

原則

敬語の原則（尊敬はⓈ、謙譲はⓀ、丁寧はⓉ）

- **Ⓢは、主語がエライ！**
- **Ⓚは、目的語がエライ！**
- **Ⓚ＋Ⓢは、㊟も㊐もエライ！**（「〜たてまつり（Ⓚ）給ふ（＋Ⓢ）」など！）
- **Ⓣは、話し手の話し相手への敬意！**

敬意の方向！

敬語についてはさまざまなまとめ方がありますが、この原則は「読解に敬語を活用する」という観点から、思い切って、それぞれの敬語の敬意を**主語・目的語の方向**にしぼってとらえた見方です。それぞれの敬語のイメージをつかむには、**最もシンプル**ではないかと思います。

本番で初めて見る本文に対し、受験生は「とにかく速く文脈をつかむ」ことが要求されます。敬語を以上のように確認しておけば、本文の文脈（全文の主語・目的語の）をたどるのに全く矛盾はないワケです。**「敬語も結局、主語・目的語」**なのです。

まずは、この点が端的にきかれる「敬意の方向」から復習しましょう。

例題「傍線A・B・Cの敬語の敬意は、だれの、だれに対する敬意ですか？」

呼び たてまつら（A） せ（B） 給ふ（C）。

よくきかれるタイプの設問ですが、先の**原則**をアッサリとおさえ、本番では**即答**したい問題です。

前後の文脈から、次のようにとらえるとしましょう。

（前後から自分で補う！　㊦が大納言を）**呼び**（本動詞）たてまつら（A）（Ⓚ・㊗　～申シ上ゲル）せ（B）給ふ（C）（Ⓢ＋Ⓢ・㊗　～ナサル）。〔帝が大納言を呼び申し上げなさる〕

基礎 **動詞の意味上の区別**

- **本動詞**（動作を表す）
- **補助動詞**（動作以外の意味）

「敬意」問題のガイドライン

「だれの、だれに対する敬意ですか？」

●「だれの」

▼きかれた敬語が本文のどんな位置にあるか？

- ●地の文の中にある　→「**筆者**の」
- ●カッコ内にある　→「**カッコの話し手**の」

●「だれに対する」

▼きかれている敬語の種類は？

- ●Ⓢ　→「**主語**に対する敬意」
- ●Ⓚ　→「**目的語**に対する敬意」
- ●Ⓣ　→答えが決まっている！　即答すべし！
  - ★Ⓣが地の文の中（カッコ以外の部分）
    「（**筆者**の、）**読者**に対する敬意」
  - ★Ⓣがカッコの中
    「（**カッコの話し手**の、）**カッコの話し相手**に対する敬意」

例題 を考えながら、「敬意」の復習をしましょう！

傍線Aは、謙譲の補助動詞「たてまつる」です。「補助動詞は動作を表さないので、**上の本動詞の主語・目的語**で敬意を考える」のがポイントとなります。傍線A「たてまつら」の上の本動詞「呼び」の主語・目的語は「帝が、大納言を」で、傍線AはⓀですので「目に対する敬意」、つまり「大納言に対する」となり、地の文にある（**カッコ以外の部分である**）ことを考えて、答えは、「筆者の、大納言に対する敬意」です。

傍線Bは、**ちょっとビックリ**しますが、助動詞でも敬意をきかれることがあるのです。そんなときも、「動作を表さない」点では**補助動詞と同じ**とカンタンに考えます。「補助動詞と助動詞の敬意は、**上の本動詞の主・目で考える**」とおさえ、「せ」は、〈尊敬「す」の用〉ですので、Ⓢ、つまり、**「敬意」問題のガイドライン**から「主に対する敬意」で「帝に対する敬意」、地の文ですので、答えは、「筆者の、帝に対する敬意」です。

傍線Cは、いわゆる最高敬語「V（動詞）＋せ給ふ」の形です。「給ふ」自体は尊敬（Ⓢ）の補助動詞、「主に対する敬意」で、地の文ですので「筆者の、帝に対する敬意」です。

いちおう、文法的に見てもらいましたが、本番での速さのポイントは、「傍線BCは文法的に見て、当然、答えは**一致**する」と反応でき、傍線BCの答えをまとめて瞬時にだせるか、というところにあります。

敬意も文脈から読みとろう！

文法的に答えのだし方をたどってもらいつつ、「敬意」の復習をしてもらいましたが、ここで止まっていてはなりませぬ。「文法も文脈的にアプローチ！　読解に生かせ！」という視点で大切なのは、

敬意の方向も、結局、具体的な本文の主・目の文脈だ！

という点です。敬語を文法的な一つの事項として孤立させるのではなく**（それじゃあ文法問題しか得点できないじゃん！）**、**第一講・原則1**（⬇一〇ページ）で見てもらった「主・目のつながり（文脈）をたどれ！」をサポートする武器として読解に生かしていきたいのです。

と考えると、普段から敬語の訓練をどのように積んで読解に生かすべきなのか、ということが学習指針として大切になってくるわけで、本番レベルの設問から引き続き**〝敬語のアプローチの視点〟**をつかんでください。

例題1

次の文章を読んで、後の問いに答えよ。

今日は日影もあたたかに、四方《よも》の空霞《かす》みわたり、東風《こち》吹く風のこころよく誘ふ夕べ、軒に咲きたる梅の深くかをるをめでて、ただひとりながめ居たるに、隣の松子の来りて、「今日はいとさびしう、なほ日も永きやうなり。硯《すずり》を寄せて何を書かせ給《たま》ふ」と問ひ侍《はべ》るに、「軒の梅の風にかをれるに、歌

をつづりて筆染めたり」といへば、「その歌を見せ給へ」と取りて、くり返しくり返し吟ず。

軒近き梢《こずゑ》をすぎて夕風の誘ふもゆるくにほふ梅が香

「A松はよき折節とひまゐらせし。(1)さあることに心移さんよりも、手習ひせよ、琴弾けよと父母の仰せゆゑ、詠みがたしとはいふものの、歌といふものはいかにして詠み出《いだ》さんといふ、(2)その山口の道を知らねば、幸ひの折からなり、今日教へてたべ」といへるまま、「いと(3)やさしき心かな。しかし、たらちねの許し給はぬこと、うちうちに教へんはいかがなれど、まづ、この梅の風といふを題として、いかやうにも三十一文字につづけてみ給へ」といふ。

明け暮れに盛りにひらくにほふ梅風の吹きくる軒に絶えぬは

と、いとたどたどしく書き付けて出したり。

『松しま日記』〈センター本試〉

問一 傍線部(1)～(3)の語句の解釈として最も適当なものを、次の各群の①～⑤のうちから、それぞれ一つずつ選べ。

(1) さあること

① 梅の花をめでること
② 梅の花が香ること
③ 歌を詠むこと
④ 隣の人を訪ねること
⑤ 書をたしなむこと

(2) その山口の道
① 和歌を学ぶのに必要な教養
② 和歌をたしなむための端緒
③ 師匠になるための修業
④ 師匠に入門する準備
⑤ 歌人として大成するための手段

(3) やさしき心
① 熱心で、殊勝な心
② 親切で、思いやりのある心
③ 優雅で、洗練された心
④ ひかえめで、つつましい心
⑤ 自由で、しなやかな心

問二 傍線部A「松はよき折節とひまゐらせし」の解釈として最も適当なものを、次の①～⑤のうちから一つ選べ。

① あなたはよい機会をとらえてご質問なさいました。
② 私はちょうどよい季節を選んで質問いたしました。
③ あなたは梅の美しい時によくいらっしゃいました。
④ 私はちょうどよい時にお訪ねいたしました。
⑤ あなたはよい頃あいを見計らってお越しになりました。

正解は、問一(1)—③、(2)—②、(3)—①、問二—④です。

解説も進み、より「実戦的に点数直結」する第二講としては、細かくムズカシイのですが、「リアル本番」を体感してもらいます。第一講の復習・定着をかねて、まずは語句問題の問一を見てください。

本文の対応が次のようにとれますか？

今日は日影もあたたかに、四方《よも》の空霞《かす》みわたり、東風《こち》吹く風のこころよく誘ふ夕べ、軒に咲きたる梅の深くかをるをめでて、ただひとりながめ居たるに、隣の松子の来りて、「今日はいとさびしう、なほ日も永きやうなり。硯《すずり》を寄せて何を書かせ給《たま》ふ」と問ひ侍《はべ》るに、「軒の梅の風にかをれるに、歌をつづりて筆染めたり」といへば、「その歌を見せ給へ」と取りて、くり返しくり返し吟ず。

軒近き梢《こずゑ》をすぎて夕風の誘ふもゆるくにほふ梅が香

「A松はよき折節とひまゐらせし。(1)さあることに心移さんよりも、手習ひせよ、琴弾けよと父母の仰せゆゑ、詠みがたしとはいふものの、（歌）といふものはいかにして詠み出《いだ》さんといふ、(2)その山口の道を知らねば、幸ひの折からなり、今日教へてたべ」といへるまま、（私）「いと(3)やさしき心かな。

入門・初心者・キッカケ

歌を

しかし、たらちねの許し給はぬこと、うちうちに教へんはいかがなれど、まづ、この梅の風といふを題として、いかやうにも三十一文字《みそひともじ》につづけてみ給へ」といふ。

（松）明け暮れに盛りにひらくにほふ梅風の吹きくる軒に絶えぬは

と、いとたどたどしく書き付けて出したり。

下手だ

10

指示語「さ」の読み

このように読めれば、問一(1)は、第一講・原則2「指示語」で見てもらった、「『前後二人の対話』を見抜け！（⬇二九ページ）」のパターンにからむ指示語「さ」ですね（おバカなA君B君の現代語例［⬇二九ページ］と全く同じだよ！）。

したがって、

という対応がザット読みとれ、選択肢と照合すれば、「㊗歌」がハッキリでているのは③のみで**即答！**

- ℓ.6　**傍線(1)（㊗松カッコ）**
- ℓ.5　**筆者㊗歌** ⇐
- ℓ.4　**㊗松カッコ「㊗歌」** ⇐
- ℓ.3〜ℓ.4　**筆者カッコ「㊗歌」** ⇐

(2)は、「山口」が暗記系単語ではないのでビビリますが、**第二講・原則5**「カッコ」で見てもらった**「キモチワルイ傍線は、前後の対応！**（⇒一三三ページ）**」**と考え、さらに**第一講・原則2**でさんざん出てきた、**「人情話のメインは二〜三人！**（⇒四六ページ）**」**とアプローチすると、

1. **本文メインの人物は、「筆者と㊗松」の二人のみ！**
2. ℓ.6〜ℓ.8 **㊗松カッコ**
3. ℓ.11 **㊗松の自作の歌が下手クソ**（ℓ.12「たどたどしく（下手ダ）」から、和歌の訳わかんなくても楽勝わかる！）

⇐

文脈からここを読みとる！

「**㊗松は、歌の〝ド初心者〟で、筆者が歌を指導**」

点数からみまくり！

という本文の大意が、だれでもカンタンにとれます（**英語や評論文と違って、人情話の古文の大意要約はカンタンだよ！　気軽に単純に考えてね！**）。

この点から、あらためて傍線(2)「山口」を考えると、「山口＝山の入口」、つまり本文の具体性と照合すれば、「(松)が**歌の初心者**であること」をさしているとわかります。対応する選択肢は②「端緒《たんしょ》（キッカケ・ハジマリ）」即答！　「歌」がでている①⑤は**〝ひっかけ〟**で、本文の文脈「初心者の(松)」に、①「教養」や、⑤「大成」は不可です。

やっぱり「答えは結局**本文の文脈**が決める！」だね！　しかも、要するに「山口」なんて暗記しなくてもいい！　**チョロイチョロイ！**　基礎ふまえて対応探せ、だネー！

(3)は、「やさしき」が暗記系で、〈「やさし」(形)優雅ダ(+)、・ツライ(−)〉という基本のみで**公式主義的につっぱしる**と、まんまと③のひっかけに**ヤラれます**。普段から「本文根拠―(選)」照合の訓練をしておけば、処理は、傍線(2)の大意「(松)は初心者」をここでも使って、「歌」がらみの①と③で迷っても、③の「優雅・洗練」はやはり「初心者の(松)」には不可で、①を自信を持って即答です。

いよいよ敬語の本題、**問二**です。なんとなく解いても、日本語力にすぐれたみなさんは、④を選べるのはわかっているのですが、それでは本番で時間をくってしまい〝ダメ〟なのです（**〇×勉強の人の盲点だよ！**）。**「速く、確実に」**解くためには、大学側の出題意図に沿うしかなく、そうすればだれしも時間をくわずに即答できるのです。要するに、出題者の問題作りの作業を逆にたどればよいのです。**手がかりは選択肢にあり**（**第三講・実戦1** 【⬇二四〇ページ】**で詳しくやるよ**）！

この設問、実は選択肢の構成ポイントが単純で、

①あなたはよい機会をとらえてご質問なさいました。Ⓢ
②私はちょうどよい季節を選んで質問いたしました。Ⓚ
③あなたは梅の美しい時によくいらっしゃいました。Ⓢ
④私はちょうどよい時にお訪ねいたしました。Ⓚ
⑤あなたはよい頃あいを見計らってお越しになりました。Ⓢ

と、クッキリ・ハッキリ**横の構成ポイント**が切られています。

傍線Aにからむ文法の基礎「とひ（問ひ）まゐらせ」の「まゐらせ」は、〈下二「まゐらす」の用Ⓚ補動～申シ上ゲル〉ですから、選択肢の現代語で、Ⓢ系の①③⑤は**即消し**です（センターの選択肢**処理で、よくでるパターンの消し方だよ！**）。

ちなみに、

「カッコの中で、カッコの話し手が自分で自分の名をよく言う」

という知識があれば、カッコ内の「(松)（＝私）」ととれて、同じく(主)が「あなた（筆者）」の①③⑤を消せます。

残った②と④の違いは、〈「折節《おりふし》」チョウドソノ時〉の指示語としての訳で（第一講・原則[2]「時や季節を示す(指)［⇩四九ページ］」の実例だよ！）、②「よい季節」、④「よい時（タイミング）」の違いです。

「傍線に引きずられず、前後の対応に目をとばせ！（⇩二八ページ）」

とアプローチすれば、ℓ.6〜ℓ.8 (松)カッコのラストで「（歌を）教へてたべ〈歌ヲ教エテクダサイ〉」とあることから、②「季節」は不可で、自信を持って④「（歌を習うのに）よい時」を選べます。

ℓ.8の「教へてたべ」の目的語として「歌を」と補う根拠は、問一(1)・(2)と同じ本文処理ですから、より解答時間の短縮が図れるワケです（「大きく読もう！」だね）。普段からの「基礎と照合」の訓練しだいで、この問一・問二ならば、三分弱ぐらいで、確実に全問正解し得るでしょう。

日ごろから「基礎」と「照合」！

敬語も、結局、(主)・(目)なんだ！

この設問分析から、こう納得していただけたと思います。

試験にでる！ 単語・文法・熟語

l.1「四方《よ も》」名 ⇒アタリ・東西南北
2「めで」下二「愛《め》づ」の用 ⇒ホメル・愛スル
4「吟《ぎん》ず」サ変「吟ず」の終 ⇒口ニ出シテ詠ム
6「折節《をりふし》」名 ⇒チョウドソノトキ
8「折から」名 ⇒ソノトキ

8「たべ」四「たぶ」の命 ⇒～ナサル cf. 四「給ふ」と同じ！
9「たらちね」⇒「母」の枕詞
12「たどたどしく」形「たどたどし」の用 ⇒下手ゲ

全文訳

今日はお日さまもあたたかく、あたりの空もかすみわたって、春の東風が吹くのも快く誘う夕方に、私は軒先に咲いた梅が深くかおるのを愛《め》でて、一人で物思いにふけっていたところ、隣家の松子がやってきて、「今日は全くさびしく、まだ日も長いようです。あなたは硯《すずり》を近づけて何を書きなさっているのですか」と問いますので、私は、「軒先の梅が風にかおっているので、歌をつづって書いています」と言うと、松は「その歌をお見せください」と手に取って、くり返し口に出して詠む。

軒近き～（軒先近くの枝を通って誘うかのように夕風がゆるく梅の香りをはこんでくることだ）

松が、「わたくし松は、よい時に訪問いたしました。歌に熱心であるよりも、習字をしろ、琴を弾けと父母がおっしゃるので、詠むのは難しいとはいうものの、歌はどのように詠むのかという、その初歩のことを知らなかったので、ちょうどよい時です、今日は歌の詠み方を教えてください」と言うので、私は「たいそう熱心な心がけですね。しかし、母上の許しなさらないことを、秘密に教えるのはどうかと思いますが、まず、この梅の風というのを題にして、どのようにも三十一文字につづけてみなさい」と言う。

明け暮れに〜（明け暮れに盛りにひらいてくる香る梅風が軒先に絶えず吹いてくることだ）

と、全く下手に書き付けて出してきた。

即答してください。

さらに「Ⓣの敬意」の〝おいしさ〟を考えてみましょう。「Ⓣの敬意」など、ほんとーにカンタンですから、本番では**メールを打つとき並みに**即答してください。それには普段から「文法的にのみ考える」のではなく、文法も**文脈的に本文アプローチ**です。

例題2

次の文章は、鎌倉時代の仏教説話集『閑居友《かんきょのとも》』の一節である。これを読んで後の問いに答えよ。

むげに近きことにや。駿河《するが》の国、宇津《うつ》の山に、そこともなくさすらひありく僧ありけり。つねは、あやしき筵《むしろ》・薦片々《こもかたがた》と、土にてつくりたる鍋《なべ》やいときたなげなる桶《をけ》・瓢《ひさご》など片々と、しどけなげに荷《にな》ひてぞありける。

さて、ゆきとまるところにて、筵・薦めぐりにひきまはして、さるべきやうに家居《いへゐ》しつらひて、ものして食ひなどしける。つねにはその里の者どもに使はれて、びんびんなることをばいみじく心得てしければ、びんぎ房とぞ名づけたりける。ただの*乞食《こつじき》などはさすがにおぼえず。思へるところあるよしになむ見ける。

ある人訪ねゆきて、「さても、僧の真似かたにてかくは侍れど、まめやかにいかにして世を出づべしともおぼえ侍らず。まこととおぼしさだめたらむ道、ひとつ教へ給《たま》へ」といひければ、れいの荷ひたるもののうち荷ひて、「太刀売らむ。鞍《くら》売らむ。*腹巻売らむ。鎧《よろひ》売らむ」といひてぞ立ちける。

さて、この人、「然《さ》うけたまはりぬ。品々のものを売りても、せんは身を養ふを本意とすることなれば、いづれのおこなひにても、よくだにせば、後世《ごせ》をとりてむずるぞ本意なるべきと、のたまはするにこそⓐ侍るなれ。しかはあれど、おこなひやすくて、しかも早く世を出づることの聞かまほしくⓑ侍るぞ。」といひければ、やがてもの荷ひて、奥ざまへ入りにけり。

この人、何事をこそ、とりわきそのおこなひと見ゆることなくぞ侍りける。ある時は、人の家にもあり。ある時は、木の下にも居《ゐ》けり。その終はりには、「このほどなやましくおぼえ侍れば」とて、人のもとを出でて、つねの山の木蔭《こかげ》にゆきて、二日ばかりありて、西に向かひてぞ死にたりける。

この人の住みどころこそあはれに聞こえⓒ侍れ。蔦《つた》の下道、心ぼそく暗がりて、折にふれつついかに住みわたりⓓ侍りけむ。昔見し人も、さだめて逢ひけむものを、思ひおくふしなくは、消息することもあらじとあはれなり。

『閑居友』〈センター追試〉

(注) *乞食——食べ物などを乞《こ》い求めながら仏道修行をする僧。　*腹巻——略式の鎧の一種。

問　傍線部ⓐ「侍るなれ」ⓑ「侍るぞ」の「侍り」と、ⓒ「侍れ」ⓓ「侍りけむ」の「侍り」との違いを説明した文として最も適当なものを、次の①〜⑤のうちから一つ選べ。

①ⓐⓑの「侍り」は「ある人」の自分自身への尊敬を表し、ⓒⓓの「侍り」は作者の自分自身の動作についての謙譲を表している。

②ⓐⓑの「侍り」は「ある人」の自分自身の動作についての謙譲を表し、ⓒⓓの「侍り」は作者の「びんぎ房」への尊敬を表している。

③ⓐⓑの「侍り」は「ある人」の「びんぎ房」への尊敬を表し、ⓒⓓの「侍り」は作者の「びんぎ房」への尊敬を表している。

④ⓐⓑの「侍り」は「ある人」の「びんぎ房」への尊敬を表し、ⓒⓓの「侍り」は作者の読者への尊敬を表している。

⑤ⓐⓑの「侍り」は「ある人」の自分自身の動作についての謙譲を表し、ⓒⓓ「侍り」は作者の自分自身の動作についての謙譲を表している。

「敬意」問題のガイドラインに従えば、「Ⓣの敬意」の**答えは決まっています。**「設問できかれたⓉがどの位置にあるか?」さえ見ればよく、

あ↓び

さて、この人、「然《さ》うけたまはりぬ。品々のものを売りても、せんは身を養ふを本意とすることなれば、いづれのおこなひにても、よくだにせば、後世《ごせ》をとりてむずるぞ本意なるべきと、のたまは

するにこそⓐ侍るなれ。しかはあれど、おこなひやすくて、しかも早く世を出づることの聞かまほしくⓑ侍るぞ。」といひけれど、やがてもの荷ひて、奥ざまへ入りにけり。

この人、何事をこそ、とりわきそのおこなひと見ゆることなくぞ侍りける。ある時は、人の家にもあり。ある時は、木の下にも居《ゐ》けり。その終はりには、「このほどなやましくおぼえ侍れば」とて、人のもとを出でて、つねの山の木蔭《こかげ》にゆきて、二日ばかりありて、西に向かひてぞ死にたりける。

この人の住みどころこそあはれに聞こえⓒ侍れ。蔦《つた》の下道、心ぼそく暗がりて、折にふれつついかに住みわたりⓓ侍りけむ。昔見し人も、さだめて逢ひけむものを、思ひおくふしなくは、消息することもあらじとあはれなり。

カッコの中！

地の文の中！

というワケで、ⓐⓑは、「ある人→びんぎ房」のカッコ内なので、敬意は「ある人の、びんぎ房への敬意」となり、選択肢の横の構成ポイントに照合し、

~~①~~ ⓐⓑの「侍り」は「ある人」の自分自身への尊敬を表し、ⓒⓓの「侍り」は作者の自分自身の動作についての謙譲を表している。

~~②~~ ⓐⓑの「侍り」は「ある人」の自分自身の動作についての謙譲を表し、ⓒⓓの「侍り」は作者の「びんぎ房」への尊敬を表している。

~~③~~ ⓐⓑの「侍り」は「ある人」の「びんぎ房」への尊敬を表し、ⓒⓓの「侍り」は作者の「びんぎ房」への尊敬を表している。

④ ⓐⓑの「侍り」は「ある人」の「びんぎ房」への尊敬を表し、ⓒⓓの「侍り」は作者の読者への尊敬を表している。

~~⑤~~ ⓐⓑの「侍り」は「ある人」の自分自身の動作についての謙譲を表し、ⓒⓓ「侍り」は作者の自分自身の動作についての謙譲を表している。

①②⑤即消し。③④の選択肢後半の違いを見つつ、本文のⓒⓓの位置を見ると、ⓒⓓともに**地の文の中**にあるので、「筆者の、読者への敬意」とわかり④即答！　**一分以内！**　というところでしょうか（**こんなイメージで、丁寧語の具体例をいっぱい見てネ！**）。

設問が「敬意」しかきいていないので、（**相手に合わせて**）本文の内容は、「主・目のつながり」を**ザットたどって**おけばよい（**ド直訳はこの設問に関してはいらない！**）のです。

暗記、暗記!!

試験にでる！ 単語・文法・熟語

ℓ.1「むげに」副 ⇩ムヤミニ・ヤタラト

4「さるべき」連体 ⇩ソウスルノニヨイ〜・ソウナルハズノ〜

6「さすがに」副 逆接 ⇩ソウハ言ッテモヤハリ

8「まめやかに」形動「まめやかなり」の用 ⇩マジメダ・実用的ダ

11「せんは」副「詮は」⇩要スルニ

12「とりてむずる」⇩ 用 ＋「てむ」と同じ！

13「おこなひ」名 ⇩仏道修行

16「このほど」名 ⇩最近

16「なやましく」形「なやまし」の用 ⇩病デ体ガツライ ⇩ cf.「なやむ」四と同じ

全文訳

やたらと最近のことであろうか。駿河《するが》の国、宇津の山に、どことも定めずさすらい歩く僧がいた。いつもは、みすぼらしいむしろ・ござ少しと、土で作った鍋やたいそう汚い桶《おけ》・ひょうたんなど少々を、だらしなく背負っていた。

そうして、立ち止まるところで、むしろ・ござを、まわりにめぐらせて、ちょうどよいように家のように整えて、調理して食べたりなどしていた。いつもは里の人々に使われて、必要なことをうまく心得てしたので、びんぎ房とあだ名をつけていた。ただの修行僧などとはやはり思われない。何か考えているところがあるように見えた。

ある人がびんぎ房のところに訪ねていって、「それにしても私は、僧のまねをしてこんな姿をしていますが、出家者として真面目にどのようにして悟ればよいのかわかりません。あなたが本当に悟りの道だと思い定めなさっている道を、ひとつ教えください」と言うと、びんぎ房はいつものものを背負って「太刀を売ろう。鞍を売ろう。腹巻を売ろう。鎧を売ろう」と言って立った。

そうして、この訪ねてきた人は「そのようにおききしました（わかりました）。さまざまなものを売っても、要するに心身を養うことを目的とすることになるので、どんな行いにしても、よりよく行うことさえすれば、悟れるということが目的なのだろうと、おっしゃるのでありましょう。そうではありますけれど、行いやすくて、早く悟れることがお聞きしたいのです」と言ったけれど、びんぎ房はそのまま荷物を背負って、奥のほうに入っていった。

このびんぎ房は、何事か、特別に修行をしていると思われることがありませんでした。あるときは、人の家にもいる。あるときは、木の下にもいた。その臨終のときには、びんぎ房は「最近、体がつらく思われますので」と言って人のところを出て、いつもの山の木かげに行って、二日ほどたって、西（極楽・西方浄土）に向かって死んでいた。

このびんぎ房の住みかこそ、しみじみと思われます。つたの下の道が、心細く暗くなっていて、それぞれのときに応じて、どのようにずっと住んでいましたのでしょう。昔の知り合いも、きっと会ったであろうけれど、びんぎ房が何も執着しないならば、連絡することもなかっただろうと思うと、しみじみとする。

もう一発いっときましょう。

例題3

次の文を読んで、後の問いに答えなさい。

その夜の暁がたに、つゆばかりまどろみたる夢に、天人の姿なる人、後ろばかり見えて空へ昇りぬるを、我が心にこの人と思ふほどに、歌を誦《ずん》ずる声にて「たうし忉利天《たうりてん》上」とながく聞こゆるに、きとおどろきたれば、このうつつに念仏唱ふる僧の声に聞きまがへつるを、いとめづらかにおぼえて、僧をよびて、かの普賢品《ふげんぼん》には「当生《たうしやう》忉利天上」とこそⓐはべるを、これは「たうし」と聞こえⓑはべりつるは、いかに心得べきにかと問ひⓒはべりしかば、「たうし」とⓓはべりつらむは、いたるといふ文字にこそと答ふるに、さらに涙こぼれまさりて、めでたくあはれにおぼえて、～（略）～

〈早大・政経〉

問 傍線部ⓐ～ⓓの「はべり」のうち、文中の話題の中には全く登場してこない人物に対して敬意が払われている用例が一つある。それを選べ。

「全く登場してこない人物に対して敬意が払われている」というきき方は〝ひっかけ・ビビらせ〟で、

❶ Ⓣの敬意（「敬意」問題のガイドライン【➡一四四ページ】）

❷ カッコつけ（第二講・原則5【➡一〇八ページ】・第一講・原則4 〝そこでおしまい〟の形【➡一〇一ページ】）

だけが使う基本事項です。特に、カッコつけの訓練を普段からたくさんこなしておけば、

その夜の暁がたに、つゆばかりまどろみたる夢に、天人の姿なる人、後ろばかり見えて空へ昇りぬるを、我が心にこの人と思ふほどに、歌を誦《ずん》ずる声にて「たうし忉利《たうり》天《てん》上」とながく聞こゆるに、きとおどろきたれば、このうつつに念仏唱ふる僧の声に聞きまがへつるを、いとめづらかにおぼえて、僧をよびて、（筆→僧）「かの普賢品《ふげんぼん》には「当生《たうしやう》忉利天上」とこそⓐはべるを、これは「たうし」と聞こえⓑはべりつるは、いかに心得べきにか」と問ひⓒはべりしかば、（僧→筆）「「たうし」とⓓはべりつらむは、いたるといふ文字にこそ」と答ふるに、さらに涙こぼれまさりて、めでたくあはれにおぼえて、～（略）～

〝そこでおしまい〟の形。文中の係り結び！

と反応するのは、基本どおりの〝**文中の係り結び**（結びが省略されていても、文末になるのが原則）〟、ℓ.5「にか」ℓ.6「こそ」ですから、**すごーくカンタン**です（この処理を、設問できかれてから考えるのではなく、読みの反射神経にしておきたいワケね！）。

係り結びも常に意識！

カッコさえつけてしまえば、ℓ.5傍線ⓒ「はべり」のみが「地の文の中のⓉ」として浮いていて、**「敬意」問題のガイドライン** から「筆者の、読者に対する敬意」（「全く登場してこない人物」とは、なんのことはない我々**「読者」**のことです！）となり、ⓒ正解即答です。

早大・政経だってこんなモノ、況《いは》んや他大をや（マシテ他大ハナオサラカンタンダ）！
志望校を上げるべし！

元井先生、今まさに檄《げき》をとばさんとす!!

以上から、普段から注意したい敬語の視点は、

1. **Ⓢが使われている** ➡ その本文で、**偉い人**が主になっているか？
2. **Ⓚが使われている** ➡ その本文で、**偉い人**が目になっているか？
3. **Ⓚ＋Ⓢが使われている** ➡ 主も目も、**偉い人**になっているか？
4. **Ⓣが使われている** ➡ **位置**（地の文か、カッコの中か）を確認！

という見方であり、いつもいつも、具体的な本文で**確認しまくって**ください（全訳なんかあったら活用して、くり返したくさんの量を見てね！ 目指すは、本番メール並み反射神経！）。

試験にでる！ 単語・文法・熟語

ℓ.1 「ばかり」副助詞 ⇩ ～ダケ・～ホド

3 「うつつ（現）」名 ⇩ 現実 ↔ 夢 反対語！

全文訳

その夜の明け方に、私が少しまどろんだ夢に、天人の姿をした人が、後ろ姿だけ見えて空へ昇って行ったのを、夢の中の私の心の中で「亡くなった妻だ」と思ったときに、歌を口ずさむ声で「たうし忉利天上」とながく聞こえたところで、私はふと目覚めたところ、この現実で念仏を唱える僧の声に聞きまざっていたのを、私はたいそうめずらしく思って、僧を呼んで私は「あの普賢品に『当生忉利天上』と書いてありますのに、この夢では『たうし』と聞こえましたのは、どのように理解すればよいのでしょうか」とききましたところ、僧は「『たうし』という言葉がありましたのは、『至る（極楽に至る）』という文字なのでしょう」と答えましたので、さらに私は涙がこぼれ、すばらしくしみじみと思って、～

その② 敬語を読みに使え！

〈Ⓚ下二補動〉（＝謙譲・下二段活用の補助動詞）「Ｖ㊍＋給ふ」が**試験によくでる**のはご存知ですね。基本のおさらい！

基礎

〈Ⓚ下二補動〉→「Ｖ㊍＋給ふ」

訳 デス・マス・ゴザイマス（実質的にはカッコ内の丁寧表現だよ！）

▼**特徴**

① 原則として、**カッコ内**で使われる。
② 「思ふ・見る」など**知覚系の本動詞**によくつく。
③ 上の本動詞（Ｖ㊍）の**主語**は、必ず「**私**（カッコの話し手）」。〔私が〜デス。〕

Ⓚ下二「給ふ」の識別！

特徴の3をご存知だったでしょうか。〈Ⓚ下二「給ふ」〉の一番の識別ポイントが、実は3の**「主語が〝私〟」**であって、〈Ⓚ下二「給ふ」〉の訳は、必ず「私（カッコの話し手）ガ～デス」のようになるはずなのです。よくある〈Ⓢ四「給ふ」～ナサル〉との文法識別問題を、「四段か？　下二段か？」という文法的アプローチのみで考えている人が多いのですが、それでは空欄問題として問われたときなどには**〝お手上げ〟**ですね。入試の実態としては、文法問題も含め、大学側は〈Ⓚ下二「給ふ」〉も**「文脈（主・目）的にきく」**ことが多いのです。

〈Ⓚ下二「給ふ」〉
↓
私（カッコの話し手）ガ～デス

〈Ⓢ四「給ふ」〉
↓
偉い人ガ～ナサル

◎最も違うのは、活用形よりも主だよ！

例題4

次の文章は、国学者の中島広足《ひろたり》が、伴信友《ばんのぶとも》からの手紙を受け取った事情を記したものである。これを読んで、後の問いに答えよ。

*伴翁のもとより、先つ年、言ひおこせられけるやうは、「年ごろ考へつるものども、これかれ多[1]かるを、ちりぢりになしおかむ、はた、まぎらはしきわざなれば、をりをりに書き集めて、一巻一巻とついでつる。すべての名をば*比古婆衣《ひこばえ》とつけおきつるは、先に一巻二巻見せまゐらせしごと

きものどもなり。そは何故に、しか名づけしといふこと、いささかことわりもしつべく、また、歌などよみても添へつべけれど、それもの憂く、むづかしきを、ただ蘖《ひこばえ》とのみいひてありぬべきなり。さるは、分きてⓐ乞《こ》ひきこゆるにはあらねども、しばしの詞《ことば》など添へられぬべくⓑ思ひたまはば、ふとうかび出《い》でたらむことを、いかにまれ、いささか書きてたまはらば、うれしくⓒ思ひたまへぬにしもあらず。さりとて、今やうの、ことごとしくほめたたへなどしたらむは、わが心にあらず。ただⓓうち思ひたまはむことを、ありのままにものしたまひたらむこそ、このましき筋にはありけれ。まことや、かの肥後の国より、はるばる大江戸にⓔ来たりて、わが住みかをとひたまひしは、今は三十年《みそとせ》にもなりぬべし。かたみに思ふことども語らひそめてより、いともいとも親しく、こととひ交はししを、近きころは京にのぼりゐて、唐《もろこし》に近き長崎の津より、近隣《ちかどなり》のごとく文通《ふみ》はし、こととひきこゆることの、思ひもかけぬよろこびの限り、さらに言ひ尽くしがたくなむおぼゆるを、なほ一くだり、ものしたまはば、うれしくこそは侍《はべ》らめ。」などありしは、この比古婆衣の書《ふみ》の、いともいとも見まほしくて、ねもごろに乞ひつるに、遙《はる》けきさかひをもいとはず、貸しものせられける、そのたよりにつけて、言ひおこせられたるなりけり。

中島広足『橿園文集』〈共通一次本試〉

（注）＊伴翁——伴信友（一七七三〜一八四六）。国学者。
＊比古婆衣——伴信友の著書。国史・国文・国語についての考証を集めたもの。「蘖」は、切った根株から出た芽。

問　傍線部ⓐ「乞ひきこゆる」、ⓑ「思ひたまはば」、ⓒ「思ひたまへぬ」、ⓓ「うち思ひたまはむ」、ⓔ「来たりて」の、おのおのの主語はだれか。次の①〜⑤の組み合わせのうち、最も適当なものを一つ選べ。

① ⓐ 伴信友　ⓑ 中島広足　ⓒ 伴信友　ⓓ 中島広足　ⓔ 伴信友
② ⓐ 中島広足　ⓑ 伴信友　ⓒ 中島広足　ⓓ 伴信友　ⓔ 中島広足
③ ⓐ 伴信友　ⓑ 中島広足　ⓒ 伴信友　ⓓ 中島広足　ⓔ 中島広足
④ ⓐ 中島広足　ⓑ 伴信友　ⓒ 中島広足　ⓓ 中島広足　ⓔ 伴信友
⑤ ⓐ 伴信友　ⓑ 中島広足　ⓒ 中島広足　ⓓ 伴信友　ⓔ 中島広足

敬語も「文脈的にアプローチ」

ザット本文を一読し、説明文をふまえて「著者中島が、伴から、伴の著書の詞書きを頼まれた」（**メインは、この二人のみ**）を大きくつかみます。ℓ.1～ℓ.14までの長いカッコが「伴→著者（中）」であることを頭から離さず、設問できかれたⓐ～ⓔのそれぞれの傍線を**文脈的にアプローチ**すると、特徴的なのがℓ.7傍線ⓒの文脈です。

傍線ⓒに引きずられず前後に目をとばし、

いささか書きて（あなた（中）が）たまはら（「やる」Ⓢ（下サル））ば、うれしく（私（伴）は）ⓒ思ひたまへ（Ⓚ下二の未）ぬ（「ず」の体）にしもあらず（～ナイことはナイ）。

と見ると、傍線ⓒの「たまへ」は、〈Ⓚ下二「給ふ」の未〉とわかり、主語は「私（手紙のカッコの話し手・伴）」ですから、選択肢のⓒの項を見て、②④⑤即消しです。

①と③の違いはⓔのみですから、傍線ⓔの本文文脈を見てみると、ℓ.10は、

はるばる大江戸に来たりⓔて、わが住みかをとひたまひしは、

（あなた（中）が）（あなた（中）が）（〜ナサル）＝Ⓢ！

となっていて、傍線ⓔの直後「わが住みかをとひたまひし」の主語は、Ⓢの「たまひ」のからみから、「あなた（中）」とわかり、傍線ⓔの接続助詞**「て」**に注目して、傍線ⓔの主語は「あなた（中）」とカンタンにわかります。選択肢ⓔの項を①③で見て、**③即答**です。

メインの主語は二人しかいませんから、Ⓢの主語は、話し相手（ℓ.1〜ℓ.14**伴カッコ内で、Ⓢなら、主は中！**）とすぐわかります。傍線ⓔ自体には敬語はからみませんが、傍線に引きずられず、目をⓈ系である次文にとばすことで、カンタンに主はつかめるのです（「、」**で切ったら"即死"だー！**）。

センターのこの手の文法問題で、「傍線が多数ある（**この設問は、ⓐ〜ⓑの五項目**）ときは、たいてい、**全項目が細かくわからなくても正解できる**（**この設問もⓒとⓓの二つの処理で正解できる**）」ことも、あわせて知っておくとよいでしょう（「**敵を知る**」！）。〈Ⓚ下二「給ふ」〉も文脈的な主語（「私」）の観点で、具体例を多く確認しておきたいものです。

以上、復習をかねて、みなさんご存知の高校で習う文法的な観点から「文脈的な敬語アプローチ」を考えてもらいましたが、いよいよここからが本題です。本原則冒頭でおさえた"**敬語の原則**（➡一四二ページ）"をもとに、具体的な文脈において、

原則

敬語を読みに使え！

❶ **エライ人一人パターン！**

例 明石・須磨に退去した光源氏。『源氏物語』

・Ⓢ単独→㊟は、㊣。（㊣が）
・Ⓚ単独→㊀は、㊣。（㊣に・を）

❷ **エラクナイ人一人パターン！**

例 中宮定子一家が勢ぞろいしたときの、女房清少納言。『枕草子』

・Ⓚ＋Ⓢ連発→㊟・㊀は、本動詞の動作で判断。
・地の文で㊔なし→おそらく㊟は、㊒。

❸ **エライ人一人／エラクナイ人一人 パターン！**

例 『和泉式部日記』の「女（和泉式部・女房）」と「宮（皇族）」

・Ⓢ単独→㊟は、㊐。（㊐が㊛に）
・Ⓚ単独→㊀は、㊐。（㊛が㊐に）

と大きくおさえ、基礎を反映させて、速く、全文の㊟・㊀のつながり（文脈）をザット読みとりたいのです。それぞれのケースの例で示したパターンは、**説明文の現代語**から反応できることも多く、まずは「これらの敬語パターンにあてはまらないか？」という視点を持って、日々古文の本文にあたってみてほしいのです。

試験にでる！ 単語・文法・熟語

- ℓ.1「年ごろ」名 ⇒長年
- 4「しか（然）」副 ⇒ソウ
- 4「いささか」副 ⇒少シ
- 4「ことわり」名 ⇒説明
- 6「分きて」副 ⇒特ニ
- 8「さりとて」熟 逆接 ⇒ソウハ言ッテモ
- 8「ことごとしく」形「ことごとし」の用 ⇒大ゲサダ
- 11「かたみに」副 ⇒オ互イニ
- 13「さらに〜がたく」熟 ⇒〈さらに＋否定〉全ク〜ナイ
- 15「ねもごろに」（ねんごろに）副 ⇒熱心ニ

全文訳

伴翁のもとより、先年、言ってよこされた手紙では、「長年考えていたことなど、あれこれと多いのを、ばらばらにしておくのは、また、紛らわしいことなので、ときどき書き集めて、一巻一巻と、順序だてた。すべての（全体の）名を比古婆衣と名づけておいたのは、以前あなたに一巻二巻見せ申し上げたようなものである。それは、なぜ、そのように名づけたかということを、少し説明もしたほうがよく、また、歌などを詠んで加えるのがよいだろうけれど、それは面倒で、困難なので、ただ蘗《ひこばえ》とだけ言っておくのがよいのである。それはそうと、特にお願い申し上げるわけではないけれど、ちょっとした詞書きなどを（私の本に）書き加えてくださるようにあなたが思いなさるならば、ふと思いついたことなどを、何でもよいので、少し書いてくださるならば、私はうれしく思わないわけはありません（うれしく思います）。とはいっても、今風の、大げさにほめたたえなどするとしたら、本意ではありません。ただ、あなたが思いなさることをありのままに書いてくださることこそ、本望である。実にまあ、あの肥後《ひご》の国から、はるばる江戸にあなたが来て、私の家を訪ねなさったのは、今から三〇年前のことにもなっただろう。お互いに思うことを語り始めてから、何とも親しく、手紙のやりとりをしたところ、最近では京にのぼっていて、唐に近い長崎の港から、近所のように手紙を通わし、やりとり申し上げていたことが、望外の喜びの限りで、全くうれしさを言い尽くしがたく思われるので、やはり、一文、書いてくだされば、うれしく思います」など手紙に書いてあったのは、この比古婆衣の本が、私は何とも見たくて、熱心に読ませてほしいと要求したところ、伴翁が遠くはなれているのもいとわず、本を貸してくだされた、そのたよりにつけて、言ってよこしなさったのであった。

例題5

次の文章は『源氏物語』「薄雲《うすぐも》」の巻において、源氏がわが子明石の姫君を紫の上の養女にするために、明石の上と姫君の母子が住んでいる大堰《おおい》の山荘を訪れ、明石の上が姫君と別れるところである。これを読んで、後の問いに答えよ。

この雪すこしとけて渡りたまへり。例は待ちきこゆるに、さならむとおぼゆることにより、胸うちつぶれて人やりならずおぼゆ。「わが心にこそあらめ。辞びきこえむを強ひてやは。あぢきな」とおぼゆれど、軽々しきやうなりとせめて思ひかへす。いとうつくしげにて前にゐたまへるをⓐ見たまふに、おろかには思ひがたかりける人の宿世かなと思ほす。この春より生《お》ほす御髪《みぐし》、*尼のほどにてゆらゆらとめでたく、つらつき、まみのかをれるほどなどいへばさらなり。よそのものに思ひやらむほどの*心の闇、ⓑ推しはかりたまふにいと心苦しければ、うち返しのたまひ明かす。「何か、かく口惜しき身のほどならずだにもてなしたまはば」と聞こゆるものから、ⓒ念じあへずうち泣くけはひあはれなり。

姫君は、何心もなく、御車に乗らむことを急ぎたまふ。寄せたる所に、母君みづから抱きて出でたまへり。片言の、声はいとうつくしうて、袖をとらへて乗りたまへと引くもいみじうおぼえて、

　末遠きふたばの松にひきわかれいつか木だかきかげを見るべき

えも言ひやらずいみじう泣けば、さりや、あな苦しとⓓ思して、

「生ひそめし根もふかければ*たけくまの松にこまつの千代をならべん

のどかにを」と慰めたまふ。さることとは思ひ静むれど、えなんたへざりける。乳母、少将とてあてやかなる人ばかり、*御佩刀《みはかし》、*天児《あまがつ》やうの物取りて乗る。*副車《ひとだまひ》、よろしき若人、童など乗せて、御送りに参らす。道すがら、とまりつる人の心苦しさを、いかに、罪や得らむとⓔ思す。

『源氏物語』〈立教大・文〉

（注）＊尼のほど――「尼そぎ」といって肩にかかっているぐらいの長さで切り揃《そろ》えた髪型。
＊心の闇――人の親の心は闇にあらねども子を思ふみちにまどひぬるかな（後撰集・雑一・藤原兼輔）を踏まえた表現。
＊たけくまの松（武隈の松）――現宮城県岩沼市の旧国府の跡にあったといわれている。ふたまたの松。
＊御佩刀――姫君の守り刀。
＊天児――幼児の魔除《よ》けの人形。
＊副車――随行者の乗る車。

問 傍線ⓐ〜ⓔはそれぞれだれの動作・行為か。次の中から最も適当なものを選び、番号で答えよ。

① 源氏　② 明石の上　③ 明石の姫君　④ 少将

文脈をとるのに敬語を使え！

まともに読んだら、**実にムズカシーーイ**文章です。この手の問題に対する受験生の盲点は、「今は、品詞分解・直訳できないところが多いが、今後の奮闘努力によって、本番では**すべてクリアにわかって設問も解ける**」といった誤ったイメージで、「ムダな努力・時間」を古文にかけてしまっている点なのです。

大学側は、もっとあっさり、

「ちゃんと基礎をふまえて、訳せないところもあるだろうが、話を作ったりせず、客観性としてザット正確な文脈を読みとれるか？」

ということを、制限時間内の処理能力としてきいているだけなのです。全部の設問をあげませんでしたが、が、**「敬語を使って、大きく、速く、文脈をとる！」**という観点で、設問を分析してみましょう。

本番でも、この本文のムズカシサは、今とあまり変わらない、と思います。勝負は、「いかに話を作らず、基礎をふまえて（**基礎力をつければつけるほど〝精度〟が上がる**）、ザット本文文脈をたどれるか？」にかかっていて、使えるときには敬語が頼れる〝武器〟となるのです。

説明文を頭から離さず、本文をザット通読し、この本文では、

・(源)姫君 ⬇ (敬)**使われている！**

・(明)（母）⬇ (敬)**使われていない！**

という点に反応することは、だれでもカンタンです。つまり、原則「敬語を読みに使え！（⬇一七二ページ）」の、

❸ **エライ人一人（(源)）**
エラクナイ人一人（(明)） ｝**パターン！**

と見ていいでしょう（**姫君はまだ幼く、実態的にはあまりからまないし、女房たちもいるが、メインは(源)と(明)の二人！**）。あらためて、傍線ⓐ～ⓔをこの観点から見て、

▼Ⓢ ⬇ (主)「**(源)が**」（Ⓢは(主)がエライ）
▼Ⓚ ⬇ (目)「**(源)に・を**」（Ⓚは(目)がエライ）
▼(敬)なし ⬇ (主)「**(明)が**」

｝**となっているかどーかを確認！**

次の文章は『源氏物語』「薄雲《うすぐも》」の巻において、源氏がわが子明石の姫君を紫の上の養女にするために、明石の上と姫君の母子が住んでいる大堰《おおい》の山荘を訪れ、明石の上が姫君と別れるところである。これを読んで、後の問いに答えよ。

この雪すこしとけて渡りたまへり。例は待ちきこゆるに、さならむとおぼゆることにより、胸うちつぶれて人やりならずおぼゆ。「わが心にこそあらめ。辞《いな》びきこえむを強ひてやは。あぢきな」とおぼゆれど、軽々しきやうなりとせめて思ひかへす。いとうつくしげにて前にゐたまへるをⓐ見たまふに、おろかには思ひがたかりける人の宿世かなと思ほす。この春より生《お》ほす御髪《みぐし》、尼のほどにてゆらゆらとめでたく、つらつき、まみのかをれるほどなどいへばさらなり。よそのものに思ひやらむほどの心の闇、ⓑ推しはかりたまふにいと心苦しければ、うち返しのたまひ明かす。「何か、かく口惜しき身のほどならずだにもてなしたまはば」と聞こゆるものから、ⓒ念じあへずうち泣くけはひあはれなり。

姫君は、何心もなく、御車に乗らむことを急ぎたまふ。寄せたる所に、母君みづから抱きて出でたまへり。片言の、声はいとうつくしうて、袖をとらへて乗りたまへと引くもいみじうおぼえて、

末遠きふたばの松にひきわかれいつか木だかきかげを見るべき

えも言ひやらずいみじう泣けば、さりや、あな苦しとⓓ思して、

「生ひそめし根もふかければたけくまの松にこまつの千代をならべん

のどかにを」と慰めたまふ。さることとは思ひ静むれど、えなんたへざりける。乳母、少将とてあてやかなる人ばかり、御佩刀《みはかし》、天児《あまがつ》やうの物取りて乗る。副車《ひとだまひ》、よろしき若人、童など乗せて、御送りに参らす。道すがら、とまりつる人の心苦しさを、いかに、罪や得らむとⓔ思す。

基礎を使ってザットこれくらい反応できれば、多少解釈できないところがあっても、この設問を全問正解するのにたいして時間はかからないのです。

正解は、ⓐ―①、ⓑ―①、ⓒ―②、ⓓ―①、ⓔ―①、です。

正解が、「源と明のみ」であることから考えても、大学側が「ザット、メインの文脈しかきいていない」ことがわかります。この設問を全問即答しても、依然としてℓ.11の歌などは解釈できないのではないでしょうか。難しい歌ですからそれで当然で、ほかの設問でもこの歌の解釈などはきかれておらず、「基礎をふまえて**ザット**文脈たどる読み」でよいのです。

「全部わかって、はじめて高得点」のイメージは、まさに**「百害あって一利なし」**です。大学側の出題意図に合わせて**気楽に**（しょせん、**大学入試！ そんな難解なことがきかれるワケないし、難問はほかの受験生もできないので、できなくてよい！**）、しかも**着実に**勉強を進めていきましょう。

試験にでる！ 単語・文法・熟語

- ℓ.2「人やりならず」熟 ⬇自分ノセイデ
- 2「あぢきな」形「あぢきなし」の語幹 ⬇ツマラナイ ㊀
- 3「せめて」副 ⬇強イテ・無理ニ
- 3「うつくしげに」形動「うつくしげなり」の用 ⬇カワイイ ㊉
- 5「まみ」名 ⬇目ツキ
- 5「いへばさらなり」熟 ⬇～ハ言ウマデモナイ
- 6「心の闇」名 ⬇子ヲ思ウ親心
- 7「もてなし」四「もてなす」の用 ⬇扱ウ・フルマウ
- 7「ものから」接助 逆接 ⬇～ダケレド

7 「念じ」サ変「念ず」の用 ⇩ガマンスル・祈ル

10 「うつくしう」形「うつくし」の用（ウ音便）⇩カワイイ＋

14 「あてやかなる」形動「あてやかなり」の体 ⇩高貴ダ

15 「よろしき」形「よろし」の体 ⇩マア普通ダ

全文訳

源氏は、この雪が少しとけてから渡りなさる。いつもは源氏の訪れを（楽しみに）待ち申し上げるけれど、今回は、姫君をひき取るためだと思われるので、明石の君は、胸がつぶれるようで、全く自分のせいでこうなったのだと思われる。明石の君は「私の心しだいなのであろう。姫君を渡すのを拒否し申し上げるのを源氏が無理に引き取りはなさらないだろう。拒否しなかったのはつまらないことだ」と思われるけれど、今さら断るのは軽々しいことだと強いて思い返す。姫君がたいそうかわいらしく前にいなさるのを源氏が見なさるにつけ、「いいかげんには思えない明石の君との運命だな」と源氏は思いなさる。この春からのばしなさる姫君の髪は、尼そぎのほどでゆらゆらとしてすばらしく、頬《ほお》のふっくらとした様子や、目つきの美しさなど、かわいらしいことは言うまでもない。他人に手ばなすことを考える母明石の君の親心を、源氏が推測なさると、たいそう気の毒なので、何度も説明しなさる。明石の君は「なんで悲しみましょうか。私のように卑《いや》しい身分でないようにさえ、姫君を扱いくださるならば（本望です）」と申し上げるけれど、明石の君ががまんできず泣く様子は、しみじみとかわいそうである。

姫君は、何も考えず、御車に乗ることを急ぎなさる。車を近づけたところに、母明石の君みずから抱いて出なさる。姫君の片言の声はたいそうかわいらしく、明石の君の袖《そで》をつかんで引っぱるのも明石の君はたいそう悲しく思われて、

末遠き～（生い先の遠い幼い姫君に、今別れて、いつになったら成長した姫の姿を見ることができるのでしょうか）

と言い切ることもできず明石の君がたいそう泣くので、「そうだなあ、ああ気の毒だ」と源氏は思いなさって、「生ひそめし～（私と明石の君との因縁は深いので、いつかは三人で暮らせるようにしよう）だから気楽に待っていておくれ」となぐさめなさる。明石の君は「そうなることだ」と思い静めるけれど、悲しみを我慢できない。姫君の乳母の少将といって、美しい女房だけが、姫君の守り刀や人形のようなものを持って車に乗る。別の車に、まあ美しい女房や、童などを乗せて御送りに参上させる。源氏は、途中で、残った明石の君の気の毒さを「どうであろうか、私は罪をえてしまうことをしたのではないだろうか」とお思いなさる。

例題6

次の文章は『弁《べん》の内侍日記《ないしにっき》』の一節で、弁の内侍が七歳の後深草天皇に女房として仕えている場面から始まっている。これを読んで、後の問いに答えよ。

二月一日、夜ふくるほど＊台盤所《だいばんどころ》より参りて、鬼の間の布障子かけむと思ひしかども、灯火のかげもかすかにて常よりはいかにやらむおぼえて、＊朝餉《あさがれひ》より常の御所へ参りたれば、宮内卿《くないきやう》の典侍《すけ》殿、兵衛《ひやうゑ》の督《かみ》殿、勾当《こうたう》の内侍殿など候《さぶら》はせ給《たま》ふ。御所もいまだ御夜《よる》にもならせおはしまさず、御手習ひなどありて、「おもしろく思はむ詩、書きて参らせよ」と仰せごとあれば、「＊蒹葭《けんか》ノ洲《す》ノ裏《うち》孤舟ノ夢」と書きて、そばに弁の内侍、

身ひとつのうれへや波に沈むらむ芦のかりねの夢もはかなし

など書きて、「秋の詩はいづれもおもしろくてこそ」と、さまざま申すほど、御番に公忠の中将候ふが、まことに騒ぎたるけしきにて、「*せうしの候ふ、皇后宮の御かたに火の」といふ。あさましともおろかなり。あまりうつつともなくて、柳の薄衣《うすぎぬ》、裏山吹の唐衣《からぎぬ》着たりしを脱ぎて、袴《はかま》ばかりにて局《つぼね》へすべりて荒らかに叩《たた》きて、急ぎ竿《さを》なる梅襲《うめがさね》の衣にえび染めの唐衣重ねて参りたれば、勾当の内侍殿やがて*夜の御殿《おとど》へ入りて*剣璽《けんじ》とり出だしまゐらす。油の小路《こうぢ》の方へ行く。御所も二位殿抱きまゐらせて。

少将の内侍は*大原野の使ひに立ちて心地わびしくて、局に臥《ふ》したりけるが、荒く叩く音に驚きて、火と聞きて急ぎ御所へ参りたりければ、人もおはしまさず、けぶりは満ちたり。いづかたへ行幸もなりつらむと、あさましくて、迷ひありくほどに、夜の御殿の一間に「やや」といふ人あり。化け物にやと恐ろしながら行きて見れば、何やらむの、み御衣《おんぞ》に薄御衣重ねて、さしもの騒ぎの中にも、さまよくもて隠して、御髪《ぐし》のかかり、御額《ひたひ》の髪、御たけまでかかりたり。宣旨《せんじ》殿御太刀《たち》持ちて、「これは、いづくへか具しまゐらすべき、按察《あぜち》の三位《さんみ》殿に申せ」と仰せらるれども、「いづくとも、これも知り候はぬ」とて、油の小路面《おもて》の妻戸の方へ出でたれば、ひしと人々おはします。

一番に権大納言《ごんだいなごん》殿の車参りたるに、御所、皇后宮、冷泉《れいぜん》の大納言殿の肩を踏まへて召し移るべきよし侍《はべ》りけれども、なにとなきさまに、やすやすとぞ召し移りける。権大納言、万里《まて》の小路、冷泉の大納言など、そのまぎれにもゆゆしげに急《いそ》めきあはれけるに、中納言の典侍殿よく御介錯《かいしゃく》して、下簾《したすだれ》にてとかくまぎらはしてぞ、御輿《こし》には召しける。夜目にも御ことがらただの人には見えさせ給はざりしとぞ、のちに語り給ひし。

『弁の内侍日記』〈センター追試〉

（注）*台盤所――女房たちの詰所。　*朝餉――天皇の食事の間。　*蒹葭――芦などの水辺の植物。

＊せうし——大変なこと。

＊夜の御殿——天皇の寝所。

＊剣璽——三種の神器のうち、剣《つるぎ》と勾玉《まがたま》。

＊大原野の使ひ——大原野神社への使者。

問一　傍線部「いづかたへ行幸もなりつらむと、あさましくて、迷ひありくほどに」の解釈として最も適当なものを次の①～⑤のうちから一つ選べ。

①天皇はどこへいらっしゃったのかと、驚きあわてて、あちこち探し歩くうちに
②天皇はどこへいらっしゃったのかと、驚いて、途方に暮れているうちに
③天皇をどこへお連れしたらよいのかと、驚きあわてて、あれこれ思案するうちに
④少将の内侍をどこへ連れていったらよいのかと、驚いて、途方に暮れているうちに
⑤少将の内侍はどこへ行ったのかと、驚きあわてて、あちこち探し歩くうちに

問二　次の①～⑤のうちから、本文の内容に**合致しないもの**を一つ選べ。

①鬼の間の布障子を閉めに行った弁の内侍は、灯火の光がかすかで、いつもと違った雰囲気を感じていた。
②弁の内侍が書いてさしあげた漢詩と和歌を見て、天皇は秋の詩はいずれも趣《おもむき》深いとおっしゃった。
③弁の内侍は火事と聞いて、身につけていた上着を脱ぎ捨て、部屋にもどって別の上着に着かえた。
④弁の内侍は火事のさなか、夜の御殿の一間から「やや」と声をかけた宣旨殿を化け物かと思った。
⑤中納言の典侍殿は、天皇や皇后宮が輿《こし》に乗り移るときに、姿があらわにならないようにと、下簾で隠したりして手助けした。

追試ということもあり、二〇分の制限時間を考えると、ムズカシイ本文です。この「ムズカシサ」は、「場面物」の「ムズカシサ」といえます。話題が劇的に展開したり、何か特徴的な文脈があれば、みなさんの日本語力で類推もつけやすいのですが、この本文は、

- ● ℓ.1〜ℓ.7　**帝の御前の、平和な談話**
- ● ℓ.7〜ℓ.24　**火事**

というぐらいの切れ目で、描写が平板に進みます。しかも、女房や男性貴族たちなど、登場人物が多数でてきて、細かく見すぎてしまうとますますワケがワカラナくなる文章です。

そこで、**「大きく文脈をたどる読み」**と**「敬語」**を使って、ザット(主)・(目)を中心に本文をたどり、設問の**選択肢と照合**すればよいのです。

この二問は、五〇点満点中、それぞれ八点配点の問題で、本番ではおとせません。あわせて、「速く解く」ためにはどのようにアプローチしてゆけばよいのでしょうか。

「敬語」を使って「ザット」文脈をたどれ！

本番シミュレーション！

本文のゴチャゴチャさで、**頭がまっ白**になりそーなのをぐっとこらえ、おちついて問一の傍線部を見てみると、「行幸（みゆき）」が目につきます。

「天皇《エライ！》が視察をなさる《Ⓢ！》こと」ですから、「行幸」自体は名詞ですが、Ⓢ系です。この点から選択肢を横に見ると、

①天皇はどこへいらっしゃったのかと、驚きあわてて、あちこち探し歩くうちに ⇒動いている
②天皇はどこへいらっしゃったのかと、驚いて、途方に暮れているうちに ⇒動いていない
③天皇をどこへお連れしたらよいのかと、驚きあわてて、あれこれ思案するうちに
④少将の内侍をどこへ連れていったらよいのかと、驚いて、途方に暮れているうちに
⑤少将の内侍はどこへ行ったのかと、驚きあわてて、あちこち探し歩くうちに

とポイントが切れていて（**シメタ！**）、Ⓚ系の表現（「天皇を」）の③と「天皇」がでていない④⑤を**即消し**です。

①②の違いは選択肢の後半で、**「迷ひありく」の解釈**です。「ありく（歩ク）」はわかってもイマイチハッキリしないので、

㊎の系列を見抜け！

①⇒「**あちこち探し歩く**」（動いている）
②⇒「**途方に暮れている**」（動いていない）

と選択肢はアッサリ処理し、本文にもどって、

「傍線に引きずられず、前後の対応に目をとばせ！」とさぐると、傍線部の次の文脈として、ℓ.16「恐ろしながら行きて見れば」（動いている！）が、本動詞に敬語もなく、主が「筆者たち（廿房でエラクナイ！）」で一致し、傍線部の対応部分と考えられます。この本文処理から①②で、「動いている」①を迷わず選んで正解です。本文があまりネチネチわからなくても、「選択肢と本文の照合」によって解けてしまうのです。

問二は、全文の内容真偽問題なので、本番での理想的なアプローチとしては、先に設問をザット見てから本文の読解にとりかかると、より速く解けそうです。この本文の敬語的な特徴は、大きく見て「天皇一人」の〝エライ人一人パターン〟と言ってよいと思います。

設問は「合致しないものを一つ選べ」である点を注意しつつ、端的に本文の正解根拠と正解選択肢を比べてみましょう。

正解は②なのですが、

（正解の選・②）
② 〜〜〜〜、天皇（エライ！）は秋の詩はいずれも趣深いとおっしゃった（Ⓢ系の訳！）。（本文のⓀ表現と合致していない）

（本文の正解根拠）
ℓ.7 など書きて、「秋の詩（弁→天皇）はいづれもおもしろくてこそ」と、さまざま申す（Ⓚ！　「言ふ」のⓀ（申シ上ゲル））ほど、〜〜〜

※対応示す、ヒントのキーワード！

という対応から「本文と合致しない」のは、②と即答できます。これは、かなり「ザットな読み」で解ける設問で、

きかれたことだけ考えよ！

① **本文ℓ.7カッコのおさえ**（「だれがだれに言っているカッコか？」）

「〜〜〜〜」とⓀ（目がエライ！）
⬇カッコの話し手は、エラクナイ人（女房の弁）！

※カッコ前後の地の文との関係！

② **「秋の詩」を〝ヒントのキーワード〟として、選と照合**

という要素だけで正解できるのです。この問いのきかれ方ならば、ℓ.7のカッコ内の正確な直訳も、「秋の詩」が対応するℓ.4の漢詩の直訳も全くいらないのです（**大学側がきいていない！ これで問一も含め五〇点中一六点！**）。

以上、**例題6**の分析なども、「どれくらい、ザット本文をたどればよいか」を示しているのではないでしょうか。こうした具体的な根拠の分析をご自分でも研究し、ご自分なりに「ザットたどる読み」を完成していってください。自力本願！

試験にでる！ 単語・文法・熟語

ℓ.3「候は」四「さぶらふ」の未 ⇩（「あり・をり」の㋘）控エル・オ仕エスル

8「〜ともおろかなり」熟 ⇩〜ト言ッタクライデハ言イ足リナイ

10「局」名 ⇩部屋

11「やがて」副 ⇩スグニ・ソノママ

14「行幸（みゆき）」名 ⇩天皇ガ視察スルコト

16「ながら」接助 逆接 ⇩〜ダケレド

18「具《ぐ》し」サ変「具す」の用 ⇩連レル

23「ただの人」名 ⇩普通ノ人・臣下

全文訳

二月一日、夜が更《ふ》けるころに、私は台盤所から参上して、鬼の間の布障子をかけようと思ったけれど、灯火の光もかすかで、いつもより何であろうか感じるところがあって、朝餉の間からいつもの御座所に参上すると、宮内卿の典侍殿、兵衛の督殿、勾当の内侍殿などが帝にお仕え申していらっしゃる。帝もまだお休みになっていらっしゃらず、御手習いなどをなさって、「趣き深いと思う漢詩を書いて献上いたせ」とお言葉があったので、私は「芦《あし》などが生えている川の洲《す》で泊まっている一そうの舟の中で夢を見た」という漢詩を書いて、その横に私の歌を書いた。

身ひとつの〜（我が身ひとつの悲しみが波の中に沈むのだろうか。芦の仮寝の夢ははかないものだ）などと書いて、「秋の漢詩はどれも趣深いことです」と、いろいろと帝に申し上げているうちに、宿直の番人として公忠の中将がお控えしていたが、実にあわてた様子で「たいへんなことです。皇后宮の方で火事が」

と言う。驚いたなどと言ったくらいでは言い足りない。私はあまり現実とも思われず、柳色のうす衣と裏山吹の唐衣を着ていたが、それを脱いで、袴一枚になって、女房たちの控えの部屋に走り込んで、荒っぽくあたりをたたき、急いで竿にかけてあった梅襲の衣にえび染めの唐衣を重ねて着て参上すると、勾当の内侍殿はそのまま帝の寝室にお入りになり、剣とまが玉を取り出し申し上げる。油小路のほうへ出る。帝も、二位殿が抱き申し上げて逃げなさる。

少将の内侍は、大原野の使いに出て、気分が悪く、部屋で横になっていたか、私が荒々しくたたく音で目覚めて、火事と聞いて、二人で急ぎ御座所に参上すると、だれもいらっしゃらず、煙が満ちあふれていた。帝はどこへいらっしゃったのかと、驚きあわてて、あちこち探し歩くうちに、帝の寝室の一間で「おいおい」と言う人がいる。化け物だろうかと恐ろしいながらも行ってみると、何者かが、お召し物の上に薄い衣を重ね着して、これほどの騒ぎの中でも落ち着いて、御髪のかかり具合や、御額髪が肩ぐらいまでかかっていた。それは宣旨殿であり、彼女が御太刀を持って、「これはどこに持って参るのがよいのか、按察の三位殿に申し上げよ」とおっしゃるが、「どこへかは、私も知りません」と言って、油小路側の妻戸のほうへ出ると、びっしりと人々がいらっしゃる。

一番最初に権大納言の車が参上し、帝と皇后宮が、冷泉大納言の肩を踏んで乗り移られるだろうとのことでありましたが、なんの問題もなく楽々と乗り移られた。権大納言・万里小路大納言・冷泉大納言など、その騒ぎの中でてきぱきと行動なさっていたが、中納言の典侍殿がきちんとお手伝いして、下簾であれこれとお姿が見えないようにして、両陛下は御輿にお乗りになった。夜目にも帝の御様子は普通の人のようではいらっしゃらなかったと、中納言の典侍殿が、その後お話しになった。

古文学習法の“王道”とは？

ちょっと蛇足かもしれませんが、例題6の問二の分析などは**テクニカルな感じ**がしませんか？　しかし、

「おーい、みんなー、こんないいテクがあるぜー！」

などと、私は**毛頭思わない**のです。つまり、こうした分析は、あくまで私の考えですが、

「大学の先生が、**受験生に望んでいる解き方**」

なのです。

その根拠として、次の三点を考えてみてください。

❶ **使う基礎が、古文学習の基本、つまり、学校の授業で習う要素として無理がない。**

❷ **こうした本文のたどり方は、かなり大まかだが、やはり「正確な文脈」には違いない。**

❸ **このように考えて解けば、だれでも制限時間内で解ける。**

こうした要素を具体的に考えて、みなさんの日々の古文学習の時間を減らし、第一志望合格のため、主要教科に労力を注いでいただきたいのです。この方向が、出題者の意図をふまえた**〝王道〟**であると私は信じて疑いません。

最後に、**〝読解上の、敬語に関する注意点〟**！

❶ **本文の敬語表現から、「絶対的なエラサ」はわからない！**

動詞を中心とする敬語から、「だれが一番エライか？」はわかりません。**敬語からは、その本文の中で、「相対的にだれがエライか」しかつかめない**のです。「絶対的なエラサ」は、たとえば「帝と大納言だったら、帝のほうがエライ」という知識としてしかわかりません。それでも敬語は使えます。受験生としては、問題文を読むとき、「この人には敬語使っているからエライんだ！」と意識したいのです。

また、「絶対的なエラサ」がわかる、次のような敬語もあります。

cf. 基礎 「言ふ」Ⓚ（中シ上ゲル）
- 奏《そう》す サ変 ⬆ 天皇に
- 啓《けい》す サ変 ⬆ 皇后・皇太子・皇族に

◎目的語が決まっている！

❷ **敬語の使われ方は、カナリ、アバウト！**（それでもやっぱ敬語は使える！）

ある本文で、Aさんがエライとして、Aさんの動作のすべてに敬語が使われるとはかぎりません。**「使ったり、使わなかったり」**します。ここは**「頭カタイ公式主義」を捨て**、アバウトな古文に合わせてください。第一講・原則1の基本、「本動詞の㊟・㊀をつなげ！（⬇一四ページ）」がもとではないスか！敬語のあるなしにまどわされず、㊟・㊀をつなぐ基本的な読みをベースに、「敬語使えそーじゃん！」と思ったら、ガンガンいけばいーのです。

❸ カッコの中の敬語は要注意！

実の父が、実の娘に面と向かって言うカッコの中で、尊敬語を使ったりします。これは、一種の**丁寧な表現**で、**相手が自分より身分が低い場合でもカッコ内では敬語を使う**ことがあるので注意です。そんな場合も混乱することなく、全訳をきかれたら、そのまま訳せばよく、敬意をきかれたら、原則どおりです。要は、敬語の使い方が妙だからといって、話を作ったりしなければよいのです。

特に最近、試験によくでているのが、「前後二人の対話」のパターンのカッコ内における、

Ⓢ単独 ⇒ ㊟は、「あなた（話し相手）が〜ナサル」

Ⓣ単独 ⇒ ㊟は、「私（話し手）が〜デス」

身分低い相手でも、ありえる！

という形です。現代語でも全く同じ敬語の使い方をするので、実はカンタンなのですが、「尊敬語と丁寧語の、カッコ内での使われ方」などとは文法書・参考書にのっていないからか、受験生はとまどっているようです。その対処も「本番レベルの入試問題の分析」でこなしていけるワケで、設問を通じて見ていこうとガンバってください。

以上、

敬語ほど使える〝武器〟があるだろうか、いや、ない！

でした！

原則 7

和歌は本文との関係！

――点数でかし！　和歌恐るるなかれ！――

和歌は、本文との対応関係から考えろ！直訳できなくても点はとれるぞ！

元井の視点

和歌は**ほんとーにムズカシイ**ッス。参考書を見てもコムズカシイ歌言葉の解説ばっかり。それらを暗記しても、なんだか模試では点とれない。全く、どーすりゃあいいの？

そこでそこで、**今までの古文参考書にはなかった**大学入試の実態を大公開！

実は大学側が設問でききたいのは、**「文全体の構造における和歌の対応関係」**なのであって、「和歌と本文との関係」がつかめれば、和歌自体の解釈はそんなにとれなくても、点数とれるのです。縁語・掛詞・枕詞・序詞などは、単語と同じように暗記してゆけばよく、点がでかいのは、「和歌と本文の対応」なのです。これをふまえれば、和歌問題は**意外と楽勝！**　かもよ。

その1 和歌は本文との対応で見よ！

というのが受験生一般の〝感じ〟でしょう。しかも設問できかれると「点がデカイ」のも周知の事実、最近のセンターでも、**一問は確実に**和歌に関する問題が出題されています。そんな和歌に対し、どのように対処していけばよいのでしょうか？

ムズカシイ内容はきかれない！

「和歌がムズカシイ」のは、みなさんの古文の実力が足りないからではなく、**本質的に「和歌はムズカシイ」**からなのです。

ここまで、「実戦的に本番レベルの問題分析から大学の出題意図をさぐり、日々の古文学習の指針とする」というスタンスで解説を進めてきました。そういうスタンスで見ると、実は大学入試の古文において、「本質的な和歌の難解さなどは**きかれていない！**」とわかります（気楽にいっちゃってください！）。

では、何が問われているのか、というと、「本文全体の**文構造の対応**として、**和歌と本文との関係**がきかれる」のです。ということは、「和歌を中心とする本文の対応関係」さえつかめれば、和歌そ

きかれているのは
やっぱり文脈！

のものがガッツリわからなくても得点できるのであり、その「和歌と本文の対応」をきく設問こそ、配点が高いのです。古文の参考書を開けばよくある縁語・掛詞・枕詞・序詞などの暗記系は基本としてザットおさえて（**これら暗記系が設問できかれても配点は低い！**）、大学側がききたい「和歌と本文との関係」の実態を研究し、日々の学習指針に生かしていきましょう。

原則

和歌は、常に本文との対応関係から考える！

とおさえ、次のように読んでいくのです。

和歌に関する基本的な"目のとばし"！

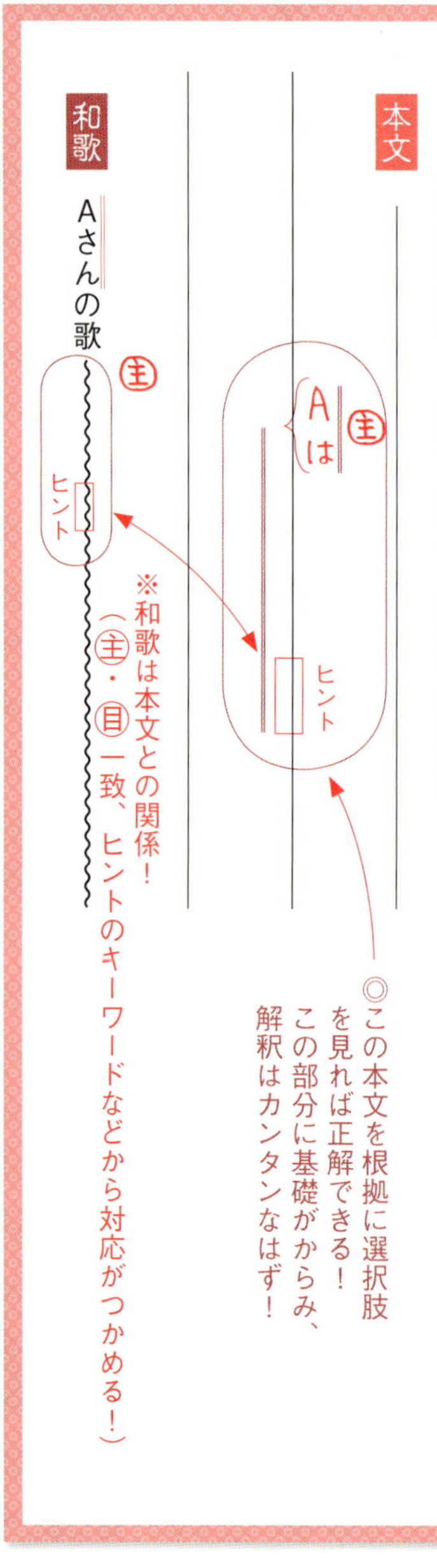

本文
Aは
(主)
ヒント
◎この本文を根拠に選択肢を見れば正解できる！
この部分に基礎がからみ、解釈はカンタンなはず！
和歌
Aさんの歌
(主)
ヒント
※和歌は本文との関係！
（(主)・(目)一致、ヒントのキーワードなどから対応がつかめる！）

ポイントとなる対応関係は、普通の地の文で傍線の対応をさぐるのと同じく、**「主語・目的語の一致」**や、同じ言葉がくり返し表現されたりする**「ヒントのキーワード」**などを手がかりにさぐれば見つかります。こう考えれば実に気楽なものです。普通の地の文で対応をさぐるのと同様に（**和歌の内容が直訳的にハッキリわからなくても**）、基礎をふまえて、具体的な本文の文脈の中で「この和歌と対応する本文はどこ？」と見ていけばよいのです。

和歌の配点が高い理由は、**第二講・原則⑤**「カッコ」で考えてもらった要素と同じで、

「人情話の古文で、メインの人物の心情が、クッキリ、ハッキリ出る！」

からです。したがって読解上の扱いは、**和歌もセリフのカッコと同じく**（カッコの処理【⬇二二六ページ】）、

原則

和歌の扱い

❶ **前後の本文から、ザット「だれが、だれに詠んでいるか？」**（和歌の主語をおさえよう！）

❷ **前後の本文との具体的な対応から、**
- **大まかな歌全体のニュアンス**（＋・－）
- **歌に象徴されている意味**（完璧な直訳にこだわらなくてよい）

をなんとかさぐる！

という視点が大切なのです。

例題1

次の文章を読んで、後の問いに答えよ。

継母《ままはは》なりし人は、宮仕へせしが下りしなれば、思ひしにあらぬことどもなどありて、世の中うらめしげにて、外にわたるとて、五つばかりなる児《ちご》どもなどして、「あはれなりつる心のほどなむ、忘れむ世あるまじき」など言ひて、梅の木の、つま近くていと大きなるを、「これが花の咲かむをりは来むよ」と言ひおきてわたりぬるを、心のうちに恋しくあはれなりと思ひつつ、しのびねをのみ泣きて、その年もかへりぬ。いつしか梅咲かなむ、来むとありしを、さやあると、目をかけて待ちわたるに、花もみな咲きぬれど、音もせず。思ひわびて、花を折りてやる。

A　頼めしをなほや待つべき霜枯れし梅をも春は忘れざりけり

と言ひやりたれば、あはれなることども書きて、

B　なほ頼め梅のたち枝《え》は契りおかぬ思ひのほかの人も訪《と》ふなり

『更級日記』〈四天王寺国際仏教大・文〉

問一　A・Bの歌の句切れとして適切なものをそれぞれ次の中から選べ。

①　初句切れ　②　二句切れ　③　三句切れ　④　四句切れ　⑤　句切れなし

問二　本文中A「頼めしを」の和歌の解釈で、正しいものはどれか。

① 頼みにしていた梅の花は霜枯れて、春がきたというのにまだ咲いてくれない。まだ待ちつづけることになるのか。

② 頼みにしていた春は忘れずに来たのに、梅は霜枯れて咲かず、待ちつづけていた人もまだ訪れてこないのか。

③ 霜枯れていた梅にも春は訪れて花を咲かせたのに、約束したあなたはまだ来ない。まだ待ちつづけなければならないのか。

④ 霜枯れていた梅の花も待ったかいあって春とともに花ひらいた。やがてあなたもたずねて来ることであろう。

さっそく**まちがいを恐れずに**（「まちがえる」ことを恐れるな！　現段階の「まちがい」から、問題点、たとえば「細かく見すぎ！」とか「ムズカシク考えすぎ！」がハッキリするよ！　本番さえまちがえなければいいワケね！「本番頂点」でいこう！）、**「和歌は本文との関係」**という視点でさぐってみてください。

継母《ままはは》なりし人は、宮仕へせしが下りしなれば、思ひしにあらぬことどもなどありて、世の中うらめしげにて、外にわたるとて、五つばかりなる児《ちご》どもなどして、「あはれなりつる心のほどなむ、忘

ま（＝継母）↓私

れむ世あるまじき」など言ひて、梅の木の、つま近くていと大きなるを、「これが花の咲かむをりは来むよ」と言ひおきてわたりぬるを、心のうちに恋しくあはれなりと思ひつつ、しのびねをのみ泣きて、その年もかへりぬ。いつしか梅咲かなむ、来むとありしを、さやあると、目をかけて待ちわたるに、花もみな咲きぬれど、音もせず。思ひわびて、花を折りてやる。

A　頼めしをなほや待つべき霜枯れし梅をも春は忘れざりけり

と言ひやりたれば、あはれなることども書きて、

B　なほ頼め梅のたち枝《え》は契りおかぬ思ひのほかの人も訪《と》ふなり

本番で大学側が求めているのは、このような**本文の対応**を、基礎をふまえてザット見抜くことなのです。本文自体は古文的に細かく、ムズカシイと思いますが、右の対応を見抜く

和歌も「基礎」と「文脈」！

ために使う基本は、「同格」「過去・き」「指示語」「カッコの処理」と、なんら無理のないものばかりです。

メインの人物は「筆者と継母（二人は仲良し！）」の二人のみですから、多少品詞分解がわからなくとも、「(主)・(目)のたどり」はカンタンです。これさえ見抜けば、**なんとまあ、設問のカンタンなこと**（本文はムズカシクともネ！）。

問一は、A—②、B—①が正解です。第一講・原則4で見てもらった“そこでおしまい”の形（⇒一〇一ページ）が、和歌の切れ目として、得点に結びつく実例といえます。

ポイントは、設問が**「切れ目」**しかきいていないことで、A・Bの和歌の直訳などは全く考えなくてよく、Aは「や〜べき」の**“文中の係り結び”**、Bは「頼め」（(四)「頼む」の(命)）の**命令形**に注目して、ともに即答です。

問二は、③が正解です。選択肢がセンターの設問のようにきれいに切れていない雰囲気ですが、**実は単純**で、

①頼みにしていた梅の花は霜枯れて、春がきたというのにまだ咲いてくれない。まだ待ちつづけることになるのか。

②頼みにしていた春は忘れずに来たのに、梅は霜枯れて咲かず、待ちつづけていた人もまだ訪れてこないのか。

③霜枯れていた梅にも春は訪れて花を咲かせたのに、約束したあなたはまだ来ない。まだ待ちつづけなければならないのか。

疑問！

④霜枯れていた梅の花も待ったかいあって春とともに花ひらいた。やがてあなたもたずねて来ることであろう。

つまり、

選の系列を見抜け！

・①②→「梅咲かない」
・③④→「梅咲いた」

となっています。

「和歌は本文との関係」としてAの和歌の下の句「梅をも春は忘れざりけり」の本文対応をさぐると、ℓ.6「花もみな咲きぬれど」と対応していることが、

和歌A「梅」――ℓ.6「花（＝梅）」

を〝ヒントのキーワード〟にしてカンタンにわかるので、選択肢を、この本文対応を根拠に照合して、①②即消しです。

キーワードを見逃《のが》すな！

③と④を比較すると、③の「約束〈❶〉」「〜ならないのか（疑問）〈❷〉」の二点が、

選択肢と本文の対応を「照合」！

❶

選 ⇔ 照合 ⇔ 本文

正解③「**約束したあなた**」

● ℓ.7 和歌A「頼めし」
※和歌は本文との関係（「し」が、ヒントのキーワード）！

● ℓ.5「（継母は）来むとありし」
※対応（主・目一致！「来む」がヒントのキーワード）！

● ℓ.3〜ℓ.4（継母カッコ）「これが花の咲かむをりは来むよ」（継母と筆者の約束）
＝ℓ.3「同格の強調」から「梅」！

❷

選 ⇔ 照合 ⇔ 本文

正解③「〜**ならないのか**」（疑問）

ℓ.7 和歌A「〜や〜べき」（疑問の係り結び）

と、きれいに本文と対応していて正解です。不正解の④も、現代語としては似たようなことを言っているように見えますが、「本文対応をふまえていない」ので不可です。

以上の分析から言えることは、問一も問二も（問一などは最も配点が高い！）、和歌の直訳がカナリわからなくても解けるワケで、それはどうしてかというと（あやしげなテクによって解ける、のではなく）、大学側が**「基礎と本文対応」**をアッサリきいているだけだからなのです。

試験にでる！　単語・文法・熟語

ℓ.1「世の中」名　⇓男女ノ仲

3「をり」名　⇓時

5「いつしか」副　⇓早ク〜シタイ

5「咲かなむ」〈未＋「なむ」（あつらえ終助）〉　⇓人ニ〜シテホシイ

7「頼めし」下二「頼む」の用（〔人ヲ〕頼ミニ思ワセル）＋助動過去「き」の体

9「頼め」四「頼む」の命　⇓依頼スル

全文訳

継母であった人は、宮仕えしいてた人が、父と結婚して上総《かずさ》に下ったので、継母が思っていたのとは違ったことなどがあって、父との夫婦仲がうまくいかず、離婚してほかのところへ行くということで、五歳ほどである子どもなどを連れて出て行くことになり、そのときに、継母は私に「あなたのしみじみと優しかった心を忘れることはありませんでしょう」などと言って、梅の木で、軒先近くて大きな木をさして、「この梅の木の花が咲くときには来ましょう」と私に言いおいて出て行ったので、私は心の中で「継母が恋しく悲しい」と何度も思っては、しくしくと泣いて、その年も明けて新年になった。新年になって私は「早く梅が咲いてほしいなあ。梅が咲いたら継母は来ようと言っていたけれど、本当に来てくれるかしら」と思い、梅の木を注意して花が咲くのをずっと待っていたが、梅の花はみんな咲いたけれど、継母からは、なんの音沙汰《さた》もない。私は、困って、梅の花を折ってその枝に次の歌をつけて、継母のところに送った。

　頼めしを～（あなたが私に頼みに思わせた約束を依然として待つのがよいのでしょうか。去年の冬は霜に枯れていた梅も、今では春を忘れず花を咲かせたことです）

と言いやったところ、継母は返事にしみじみとしたことを書いて、

　なほ頼め～（依然として信頼しなさい。あなたの家の梅の木には約束していない意外な人［恋人］もやってくるのです）

例題2

次の文章を読んで後の問いに答えよ。

その十三日の夜、月いみじくくまなくあかきに、みな人も寝たる夜中ばかりに、縁に出でゐて、姉ⓐなる人、空をつくづくとながめて、「ただ今ゆくへなく飛びうせなばいかが思ふべき」と問ふに、なまおそろしと思へるけしきを見て、こと事にいひなして笑ひなどして聞けば、かたはらⓑなる所に、さきおふ車とまりて、「*をぎの葉、をぎの葉」と呼ばすれど答へざⓒなり。呼びわづらひて、笛をいとをかしく吹きすまして、過ぎぬⓓなり。

笛のねのただ秋風と聞こゆるになどをぎの葉のそよと答へぬ

といひたれば、げにとて、

をぎの葉の答ふるまでも吹きよらでただに過ぎぬる笛のねぞうき

かやうにあくるまでながめあかいて、夜あけてぞみな人寝ぬる。

『更級日記』〈大阪女大・文〉

（注）＊をぎの葉――隣家の女性の名。

問一 傍線AとBの歌は作者と姉の歌であるが、同じできごとを同時に体験しながら、それに対する反応に違いがある。その違いについて簡潔に述べよ。

問二 二重傍線ⓐ～ⓓの語は、それぞれ次のどれに該当するか。適当なものを選び、記号で答えよ（同じものを何回も選んでよい）。

① 動詞の終止形　② 動詞の連体形
③ 形容動詞の終止形の語尾　④ 形容動詞の連体形の語尾
⑤ 伝聞の助動詞の終止形　⑥ 伝聞の助動詞の連体形
⑦ 断定の助動詞の終止形　⑧ 断定の助動詞の連体形

正解は、

問一　**筆者は男に同情し、呼びかけに応じない女性の冷たさを非難しているのに対し、姉は女性に同情し、すぐ立ち去る男の薄情さを責めている。**

問二　ⓐ―⑧、ⓑ―⑧、ⓒ―⑤、ⓓ―⑤

です。

問一から考えてみましょう。

イキナリ和歌に関する記述でビビっちゃうよ〜〜〜！

ムズカシイことはきかれない！

おちついて設問のきき方を見てみましょう。**「その違いについて簡潔に述べよ」**ときいているだけです。もちろん、歌の解釈がベースになるわけですが、実は「和歌そのものの直訳」がとれなくても、大丈夫です。

まずは、本文の対応関係をとっていきましょう。

その十三日の夜、月いみじくくまなくあかきに、みな人も寝たる夜中ばかりに、縁に出でゐて、姉ⓐなる人、空をつくづくとながめて、「ただ今ゆくへなく飛びうせなばいかが思ふべき」と問ふに、なまおそろしと思へるけしきを見て、こと事にいひなして笑ひなどして聞けば、かたはらⓑなる所に、さきおふ車とまりて、「をぎの葉、をぎの葉」と呼ばすれど答へざるⓒなり。呼びわづらひて、笛をいとをかしく吹きすまして、過ぎぬⓓなり。

A 笛のねのただ秋風と聞こゆるになどをぎの葉のそよと答へぬ

といひたれば、げにとて、

B をぎの葉の答ふるまでも吹きよらでただに過ぎぬる笛のねぞうき

かやうにあくるまでながめあかいて、夜あけてぞみな人寝ぬる。

この対応がとれれば、二首の歌の表現、

- 「をぎの葉」→ 筆者の家の隣家（ℓ.3「かたはらなる所」）の女性
- 「笛のね（音）」→ 隣家の女性のところに来た恋人の男性

※対比！

（「女性」とわかるのは恋愛の「通い婚」のパターン！　第一講・原則1の例題と同じじゃん！）

という対比がハッキリし、**「筆者と姉は、自宅から、隣家の恋愛状況を、物音によってうかがっている」**のがつかめます。

さらに本文から（**和歌は本文との関係で考える！**）、

和歌は本文との関係で考えよ！

- 「女性」の動作 → ℓ.4「答へざなり（答えないようである）」〈女性は男の呼びかけに応じない〉「冷たさ」㊀！
- 「男性」の動作 → ℓ.4〜ℓ.5「笛をいとをかしく吹きすまして、過ぎぬなり」〈女性が呼びかけに応じないので、笛を吹きながら帰った〉「ねばらなすぎ」㊀！

をつかんで、これらの**対比的要素**を、答案に整理して盛り込むだけです（**話をいっさい作らずにネ！「答え本文にあり！」だよ！**）。

問二は、「なり」の識別です。ここで**「文法も、文脈的にアプローチ」**を復習しましょう。まずは、基礎の確認。

基礎 **「なり」の識別**

❶ 終《「ただし、ラ変型には連体形接続」》＋「なり」 → **伝聞**《～トカイウ話ダ（この音によると）》**・推定**《～ラシイ》**「なり」**（助動詞）

❷ **体言** 体 ＋「なり」 → **断定**《～デアル》**・所在**《～ニイル》**「なり」**（助動詞）

❸ **形容動詞の活用語尾**

例 うつくしげなる（形動「うつくしげなり」の体）
→ ◎「～げなり」という一連の形容動詞グループ！

❹ **動詞 四「なる」の 用「なり」**（～ノ状態ニナル）

- 形の用＋なりて、～
- 形動の用＋なりて、～
- （～せず）《～シナク》＋なりて《なる》、～

例
- うれしくなりて、
- （行かず）なりにけり。

基礎は必ずおさえておく！

これらをふまえて、ℓ.2傍線ⓐ「なる」は、〈「姉」名＋「なり」〉で、文法の基本どおりに〈断定「なり」〉で即答です。ℓ.3傍線ⓑ「なる」も、〈「かたはら〈ソバ〉」名＋「なり」〉で、基本どおり、〈断定〈所在／～ニイル・～ニアル〉「なり」〉です。

ムズカシイのは、傍線ⓒⓓで、それぞれ、文法の基本のみでは判定がつかないのです。

ℓ.4傍線ⓒ「なり」は、「答へざなり」という形で、

基礎 連体形の撥音便《はつおんびん》（「ン」になる音便）

例

～デアル 断定の体	～ラシイ 伝聞の終
なる	なり
↓	
なん	なり
↓	
な・	なり

◎音便は発音上の表記で、品詞分解・訳は、どの形でも変わらない。音便は、〝文法的なマチガイ〟ではない！

という、音便の中でも最もよくでる**撥音便**がからんでいます。もともとの形は、**「答へざるなり」**で、「なり」の上は、〈打消「ず」の体〉です。「ず」の活用で、「**ざら　ざり　○　ざる　ざれ　ざれ**」の系列は、**次が助動詞**のときに使われ（形容詞型のカリ活用 ⬇ **から　かり　○　かる　○　かれ** と同じ！）、ラ変型に活用します。

「なり」の識別（➡二一〇ページ）で、助動詞系の❶・❷の場合、上の活用語が「四段活用型・ラ変型」のときは、「断定」か「伝聞推定」かの識別は、**文法的に確定できなくて当たり前**なのです。

ℓ.5傍線ⓓ「なり」も、上が「過ぎぬ」で、「ぬ」が、〈打消「ず」の(体)〉なのか、〈完了「ぬ」の(終)〉なのかの判定が、文法的には確定しません。

文法知識のみにとらわれない！

そんなア〜〜〜！　じゃ、どーすんの!?

そこでそこで、**「文法も文脈的にアプローチ」**です。助動詞系の「なり」の文脈的な特徴は、

「なり」の“文脈的”特徴

❶ **断定「なり」** → **(目)系！**
〈目で見て、〜デアル〉

❷ **伝聞・推定「なり」** → **(耳)系！**
〈目で見ていない。噂《うわさ》（伝聞）は耳で聞き、推定は、音による推定（この音によると〜ラシイ）〉

とおさえます。

特に、入試の設問で、判定のポイントによくなっているのが〈推定「なり」〉で、

基礎　推定「なり」は、耳系の文脈さがせ！

- ●鳥
- ●人の話し声
- ●楽器
- ●人の歩く「衣ずれ」の音
- ●鐘の音

例文

夕されば野辺《のべ》の秋風身にしみてうづらなくなり深草の里

鳥・耳系！
四「鳴く」の｛体？終？｝
推定「なり」!!

（「うずら」は小さな鳥で、「深草」にうもれて、声だけが聞こえる状況）

という視点で具体的な文脈をさぐるアプローチの量をこなしておきたいのです。
この視点で傍線ⓒⓓを具体的に見てみると、ⓒもⓓも同じ文脈で、本文の状況を上から見ると、

◎筆者と姉は、状況が見えない！
（音で推測）

というワケなのであって、まさに問一の分析「筆者と姉は、自宅から、隣家の恋愛状況を物音によってうかがっている」、つまり**「目で見ていない、音による推定」**の文脈に、傍線ⓒもⓓも入っているのです。

こうした**文脈的な視点**（カナリ大まかだよね！）をおさえて〈推定「なり」〉を疑い、文法的に品詞分解が矛盾しないことを確認して〈ⓓの「過ぎぬなり」も、「なり」が推定なら「ぬ」は〈完了「ぬ」の(終)〉でOK！〉、正解「傍線ⓒⓓともに、〈推定「なり」の(終)〉」が確定できるのです。傍線ⓒⓓまとめて即答です。

このように、本番レベルの設問分析から「文脈的にアプローチ」の方向をつかみ、できうるかぎり読解に生かしていきましょう〈たとえば、「この文脈は、(耳)系かな？(目)系かな？」なんていう視点がこの問二の分析から得られればよいのです。たとえ問二をまちがえたとしても！〉。

試験にでる！　単語・文法・熟語

- ℓ.1「くまなく」(形)「くまなし」の(用)　⬇クモリガナイ
- 2「なば」(助動) 完了「ぬ」の(未)＋(接助)「ば」　⬇モシ〜シテシマッタナラバ
- 3「こと事」(熟)〈異＋(名)〉　⬇他ノ〜・別ノ〜

- 3「かたはら」(名)　⬇ソバ
- 5「吹きすまし」〈V＋すます〉(四)　⬇ウマク〜スル
- 8「吹きようで」否定(接助)の「で」　⬇〜ナイデ〈(未)へ接続！〉

全文訳

その一三日の夜、月がたいそうくもりなく明るいときに、人々も寝しずまった夜中ぐらいに、私は姉と縁側に出て座って、姉である人が、空をつくづくとながめて、「今すぐに私がどこということもなく飛んで行ってしまったならば、あなたはどのように思うだろうか」ときくので、私が何となく恐ろしいと思っている様子を姉が見て、姉はほかの話に話題をかえて、笑ったりなどして聞いていると、隣りであるところに、先払いをする車が止まって、「をぎの葉、をぎの葉」と車の男は使いの者に呼ばせるけれど、隣の家の女は答えないようである。男は、呼ぶのに困って、笛をたいそう趣き深く上手に吹いて、通り過ぎていってしまったようである。私が、

笛のねの～（男がやって来てせっかく呼んでいるのに、なぜ女は「はい」と返事をしないのか）

と言うと、姉は、「本当にね」と言って、

をぎの葉の～（女が返事をするまで熱心に言い寄らず、すぐに行ってしまった男がいやだ）

このように、夜が明けるまでながめあかして、夜が明けてからみんな寝た。

その② 和歌から人間関係を読め！

例題3

次の文章は『松浦宮《まつらのみや》物語』の一節である。大将と明日香《あすか》の皇女《みこ》との子である弁の少将（弁の君）は、神《かん》奈備《なび》の皇女に思いを寄せていた。二人は歌の贈答などをすることもあったが、神奈備の皇女は帝のもとへ入内《じゅだい》することになってしまった。以下の文章は、それに続くものである。これを読んで、後の問いに答えよ。

たえぬ思ひによろづのことおぼえて明け暮らすに、明けむ年もろこし舟出《い》だしたてらるべき遣唐副使になしたまふべき宣旨《せんじ》あり。大将も*皇女もいみじきことにおぼせど、すべてすぐれたるを選ばるるわざなれば、とどめむちからなし。弁の君ひとかたならず、血の涙をながせど、いづれも心にかなふわざにしあらねば、**皇女つひに参りたまひぬ。ときめきたまふこといみじきを見聞くに、いとどあぢきなさまさりて、かくなむ。

おほかたは憂き目を見ずてもろこしの雲のはてにも入らましものを

朝夕の宮仕へにつけてたへがたき心をも、なかなかひとかたに思ひ絶ゆばかり漕《こ》ぎ離れむも、ひとつにはうれしけれど、親たちの気色をはじめ、おはせむさまをだに見聞かざらむことを、いみじう思ふに、月日すぎてそのほどにもなりぬ。

式部大輔《たいふ》なる参議安倍《あべ》のせきまろといふを、大使にてつかはさるべければ、かつがつ世の博士・道々の人の集まり、才《ざえ》をこころみ、いとどしういどみならはすに、この少将すべていたらぬ所なくかしこければ、帝もいみじきものにおぼしめして、春、*正下の加階たまふ。

今はと出で立ちて京を出づるに、たかきいやしき馬のはなむけす。夜すがら文つくりあかして、出でなむとするに、いみじうしのびてたまへる、神奈備の皇女、

a　もろこしの千重《ちへ》の波間にたぐへやる心もともにたちかへりみよ

今はと参りたまひしのち、ひと言葉の御なさけもなかりつるを心憂しと思ふに、なほ折過ぐさずのたまへるを見るに、血の涙をながせど、使ひはまぎれうせにければ、ただとどまる人につけて、*女王の君のもとに、

b　*息の緒に君が心したぐひなば千重の波わけ*身をも投ぐ*がに

大将は、

「難波《なには》の浦まで送らむ」

とのたまひしかど、母宮、

「限りあらむ神の誓ひにてこそ添はざらめ、この国の境をだにいかでかは離れむ」

とのたまひて、去年《こぞ》より松浦の山に宮をつくりて、

「帰りたまはむまでは、そなたの空を見む。若き老いたるとなき浮かべる身の、遠き舟路《ふなぢ》にさへ

漕ぎ離れたまはむに、波風の心も知らず、たれもむなしくあひみぬ身とならば、やがてその浦に身をとどめて、*あまつ領巾《ひれ》振りけむためしともなりなむ」と出で立ちたまへば、大将、限りある宮仕へをえゆるされたまはねど、

「すみたまはむさまをだに見おかむ」

と添ひたまへれば、道のほどことに変はれるしるしもなし。追ひ風さへほどなくて、三月二十日のほどに大宰府に着きたまひぬ。

『松浦宮物語』〈センター本試〉

（注）*皇女——明日香の皇女。　**皇女——神奈備の皇女。　*正下の加階——正五位下の位を与えること。

*女王の君——神奈備の皇女付きの女房。　*息の緒——命。

*身をも投ぐ——「身を」に「水脈《みを》」を、「投ぐ」に「凪《な》ぐ」を掛ける。

*がに——ここではある事柄の実現を期待する意。

*あまつ領巾振りけむためし——古代、松浦佐用姫《まつらさよひめ》が朝鮮半島へ派遣された恋人との別れを惜しみ、その生還を願って肥前国《ひぜん》（佐賀県）松浦山で領巾を振ったという伝説。領巾は女性が首から肩にかけて左右にたらした装身用の薄い布で、特別な呪力《じゅりょく》があると信じられていた。

問　a・b二首の贈答歌には、それぞれ詠み手のどのような心情がこめられているか。最も適当な組み合わせを、次の中から一つ選べ。

① a　入内した今となってはあなたのお気持ちに応《こた》えることはできませんが、大海原のかなたから無

事のご帰国を願っています。

b　私に対するあなたのお心がもはや変わってしまったのであるならば、私は大海原に身を投げて、いっそ命を絶ってしまいたいと思っています。

②

a　入内の定まった身ではありますが、私もすぐにあなたのあとを追って、大海原を分けて唐に渡って行きたいと思っています。

b　いつまでも私のそばにいてくださるというあなたのお気持ちが本当のものであるならば、私も大海原に身を投げて死ぬということなど考えもしないでしょう。

③

a　たとえ大海原を隔てても、私の心はいつもあなたのおそばに寄り添って、無事にご帰国になるまでお守り申し上げることでしょう。

b　あなたの心が本当に私の身に寄り添ってついて来てくださるならば、私は大海原を分けてきっと無事に帰ってくることができるでしょう。

④

a　たとえ入内の定まった身ではあっても、私の命のある限り大海原のかなたからあなたのご帰国をいつまでもお待ち申し上げています。

b　あなたのお気持ちがいつまでも変わらないものであるならば、私は大海原を分けて安心して唐に渡ることができるでしょう。

⑤　a　たとえ大海原を隔てても、あなたの心が私の身にいつも寄り添ってくださるならば、私は少しも寂しいことなどありません。

b　あなたの心が私の心と同じように愛情に満ちたものであるならば、私は大海原に身を投げてでも必ず帰ってくるでしょう。

これは受験生にとって、**ビビって当然**の問題です。

❶ **本文がダラダラ長く、スッキリと直訳がとれない文章である。**
❷ **設問が和歌（しかも二首に分かれている！）がらみである。**
❸ **選択肢の現代語が長く、a項とb項に分かれている。**

出題意図をとらえよ！

以上の三点が本番で受験生を不安にさせる要素でしょう。**この設問の出題意図は何なのでしょうか？** 設問のきき方を見てみると、「それぞれ詠み手のどのような心情がこめられているか」というきき方で、**例題1・問二**のように、どうやら「和歌の直訳」そのものをきいているワケではないようです。ここまで見てきてもらったさまざまな視点・原則を総動員し、出題意図をさぐってみましょう（実は、手のこんだ問題ほどカンタンに解けるものです！）。

正解は③です。a・b二首は、「弁の君（男）と神奈備の皇女」の二人の**贈答歌**になっていて、説明文もふまえると、大きく見て**「恋愛」文脈**です。ザット設問がらみの本文の対応を、

今はと出で立ちて京を出づるに、たかきいやしき馬のはなむけす。夜すがら文つくりあかして、出でなむとするに、いみじうしのびてたまへる、神奈備の皇女、

神→弁

a　もろこしの千重《ちへ》の波間にたぐへやる心（私の）もともにたちかへりみよ

今はと参りたまひしのち、ひと言葉の御なさけもなかりつるを心憂しと思ふに、なほ折過ぐさずのたまへるを見るに、血の涙をながせど、使ひはまぎれうせにければ、ただとどまる人につけて、

※贈答歌の対応

女王の君のもとに、

弁→神

b　息の緒に君が心したぐひなば千重の波わけ身をも投ぐがに

設問形式に慣れよう！

ととって、設問を見ます。すると、和歌ａｂの二首に関する問題であり、第二講・原則5の例題3（⬇二二ページ）の設問と同じく、「傍線部分が数か所にわたる設問」になっている、**センター〝お得意〟のきき方**です。このパターンでは選択肢がヒントになっていることが多く、この問いも典型的です（つまり、**選択肢がイカツイことにビビらなくてよい！　どころか、助かるワケよ**）。

先の本文チェックをもとに、まず選択肢の、ａ項だけを見ます。ａの歌の「たぐへやる心」は、贈答歌の対応から、「〈私（神）のあなた（弁）への〉心」とハッキリわかり、

原則

贈答歌をかわしていたら、原則として、二人の人間関係は良好と見てよい！

とおさえておくと、「帝に入内した後であるが、神は弁をまだ好き」ととれます。すると選は、

① ａ　入内した今となってはあなたのお気持ちに応《こた》えることはできませんが、大海原のかなたから無事のご帰国を願っています。

（神は、まだ弁好き！　不可）

ｂ　私に対するあなたのお心がもはや変わってしまったのであるならば、私は大海原に身を投げて、いっそ命を絶ってしまいたいと思っています。

② ａ　入内の定まった身ではありますが、私もすぐにあなたのあとを追って、

（あくまで心であって、入内した今、体は無理！　不可）

大海原を分けて唐に渡って行きたいと思っています。

b　いつまでも私のそばにいてくださるというあなたのお気持ちが本当のものであるならば、私も大海原に身を投げて死ぬということなど考えもしないでしょう。

③

a　たとえ大海原を隔てても、私の心はいつもあなたのおそばに寄り添って、無事にご帰国になるまでお守り申し上げることでしょう。

ＯＫ！

b　私の心が本当に私の身に寄り添ってついて来てくださるならば、私は大海原を分けてきっと無事に帰ってくることができるでしょう。

（今から、行って・帰る）

まだ好き！　ＯＫ！

④

a　たとえ入内の定まった身ではあっても、私の命のある限り大海原のかなたからあなたのご帰国をいつまでもお待ち申し上げています。

b　あなたのお気持ちがいつまでも変わらないものであるならば、私は大海原を分けて安心して唐に渡ることができるでしょう。

（行く、しか言ってない！）不可

⑤

a　たとえ大海原を隔てても、あなたの心が私の身にいつも寄り添ってくださるならば、私は少しも寂しいことなどありません。

「私（神）の心」！　不可

b　あなたの心が私の心と同じように愛情に満ちたものであるならば、私は大海原に身を投げてでも必ず帰ってくるでしょう。

◎①②⑤のb項は、見なくても即消し！

のように、①②⑤の選択肢を即消しできます。

本番での時間的な要素として重要な点は、この視点で消した①②⑤の選択肢のb項は**全く見なくてもよい**点です（モチロン、"確かめ"程度には見るべきだけど！）。全くまどわされず、時間も**驚くほど短縮**できるのです（これがまさに大学側が見たい「問題処理能力」だよ！）。

そして残った③④のb項を見てみると、

㊤の系列を見抜け！

- **b項③➡「行って・帰る」**
- **b項④➡「行く」のみ！**

の違いとわかり、この㊤からヒントとしてつかんだ点を使って、**本文の対応**をさぐります。

- **大きく読もう！**
- **説明文・注に答えあり！**
- **和歌は本文との関係！**

という視点から、ザット、

- 説明文「恋の文脈」
- 本文ザットの大意
- 注釈「凪《な》ぐ（航海の安全）」「希望・願望（〜シタイ）」「その生還を願って」

を根拠に、

「弁は、まだ神を好き（恋）なので、遣唐使として中国に行ってから、また日本に帰ってきて、神に会いたい」

「恋」メイン文脈！
「行って、帰る」
「恋」メイン！

とつかみます。この本文根拠と、③④を照合して、③の正解を選ぶことは、**カナリ即答**です。

例題2と同じく、このきかれ方ならば、ａｂの和歌の全訳などほぼいらないのです（だからこそムズカシイｂの歌に注釈が三つもつけてあり、逆にこれらが設問を即答するヒントになっているのですよ。「敵を知り、己を知れば」楽勝イケそーだよね！）。

このように考えると、この設問の出題意図は、やはり、**「和歌を中心とした、本文の文構造の対応」**をきいている！　といえるのです。「ザット文脈たどって、選択肢と照合」ですね！

試験にでる！ 単語・文法・熟語

ℓ.2 「宣旨《せんじ》」㊔ ⇒天皇ノ命令書

4 「かなふ」㊃「かなふ」の㊍ ⇒ウマクイク

5 「あぢきなさ」㊔ ⇒ツマラナサ

●**あぢきなし** ㊒ ⇒ツマラナイ ㊀

6 「ものを」（終助） 逆接 ⇒〜ナノニナア

7 「なかなか」（副） 逆接 ⇒カエッテ

10 「かつがつ」（副） ⇒トリアエズ

11 「才《ざえ》」㊔ ⇒学才・漢文ノ才能

12 「かしこけれ」㊒「かしこし」の（已） ⇒タイソウ〜ダ・オソレ多イ

---

13 「出で立ちて」（熟）「出で立つ」 ⇒出発スル・出仕スル

13 「馬のはなむけ」㊔ ⇒別レノ宴会・オクリモノ

19 「なば」（熟） 完了「ぬ」の（未）＋「ば」 ⇒モシ〜シテシマッタナラバ

23 「こそ」（熟） ⇒〈…こそ〜（已）、＝逆接〉〜ダケレド

26 「やがて」（副） ⇒スグニ・ソノママ

30 「しるし（験）」㊔ ⇒効果

全文訳

弁の君が、神奈備の皇女に対する絶えることのない思いから、さまざまな切ない気持ちをめぐらせて暮らしているうちに、年明けに派遣される遣唐使の副使に弁の君を任命するという宣旨がある。弁の君の父の大将も母宮も大変なことと思いなさるけれど、一般にすぐれた人物が選ばれるならいなのでどうにもならない。弁の君は並たいていではなく悲しみの涙を流すけれど、いずれも思うとおりにはならないので、神奈備の皇女は結局帝のもとへ入内《じゅだい》なさった。格別にご寵愛《ちょうあい》を受けていることを弁の君が見聞くにつけて、ますますつまらなさがまさって、弁の君は次のように詠《うた》う。

おほかたは〜（だいたいにおいてつらい目を見ないように、いっそ唐の先の雲の果てにでも入ってし

まえばよいのになあ）

毎日の宮仕えにつけても耐えがたい心を、渡唐することでかえって思いが断ち切れるので、一方ではうれしいが、弁の君が、親たちの様子をはじめ、神奈備の皇女の様子を知ることさえできなくなることをつらく思っているうちに月日が過ぎ、出発のときになった。

式部大輔である参議安倍のせきまろという人を、大使として派遣なさることになっていたので、出発にあたって、世に認められた博士をはじめその道の人々が集まり、弁の君の学識をあれこれと試してみるけれど、この弁の少将は全く至らないところもなく、たいそうすぐれていたので、帝も立派な者だと思いなさり、春には正五位下の位をくださる。

いよいよ今は出発のときとなって京を出るときには、身分の高い人も低い人も別れの宴会をしてくれる。一晩中漢詩をつくりあかして、京を弁の君が出発しようとするときに、たいそうこっそりと神奈備の皇女が歌を送りなさる。

もろこしの〜（たとえ大海原を隔てても、私の心はいつもあなたのおそばに寄り添って、無事にご帰国になるまでお守り申し上げることでしょう）

今はもうお別れだと入内なさった後には、なんのお言葉もなかったのをつらいと弁の君は思っていたけれど、やはり時機を逃さず歌を送ってくださったのに対し、弁の君は涙を流すけれど、神奈備の皇女の使いは紛れていなくなっていたので、京に残る人に言づけて、弁の君は皇女のもとに次の歌を送る。

息の緒に〜（あなたの心が本当に私の身に寄り添ってついて来てくださるならば、私は大海原を分けてきっと無事に帰ってくることができるでしょう）

大将は「難波の浦まで送ろう」とおっしゃったが、母宮は「限りのある神の誓いで唐までついて行くことはできないが、この日本の境のせめて九州にまででも息子について行くつもりだ」とおっしゃって、去年から松浦の山に宮を造って、母宮は「弁の君がお帰りになるまで、唐の空を見よう。老若の順序もなく死ぬこともある人の身であるから、弁の君が遠い舟路にこぎ離れなさるとしたら、波や風の様子もわからず、弁の君が亡くなることにでもなったならば、私はそのままその松浦に身をとどめて、松浦佐夜姫が領巾を振ったとかいう例と同じようになろう」と言って京を出なさると、大将は制限がある宮仕えを許されなさらないけれど、「母宮が松浦に住みなさる様子だけでも見とどけよう」とつき添いなさったので、道中は特に変わった様子もない。順風まで吹いてすぐに、三月二〇日のほどにみな大宰府に着きなさった。

例題4

次の文章を読んで、後の問いに答えよ。

むかし、色好む人ありけり。男もさまかはらず、同じ心にて、色好む女を、かれをいかで得てしがなと思ひたるを、女も念《ねん》じわたるを、いかなるをりにかありけむ、あひにけり。男も女もかたみにおぼえければ、われもいかですてられじと、心のいとまなく思ふになむありける。なほ女、いでていなむと思ふ心ありて、

　いざ桜散らばちりなむひとさかりあり経《へ》ば人に憂き目みえなむ

と書きてなむいにける。男来て見ればなし。いとねたくてをりけり。

＊いささめに散りくる桜なからなむのどけき春の名をも立つめり

〈拓殖大・商〉

（注）＊いささめに＝かりそめに。いいかげんに。

問一 いざ桜……の歌の要旨として最も適当なものを、次のうちから選べ。

① 人生には浮沈がつきものだ。　② いつまでも相思相愛でいたい。

③ 桜は散り時、人は別れ時が肝心だ。　④ 花も人も無常であればこそ趣がある。

問二 いささめに……の歌を口語訳する場合に、接続語「それでこそ」という表現を補うとしたら、どの句の間がよいか。次のうちから選べ。

① 初句の下　② 二句の下　③ 三句の下　④ 四句の下　⑤ 五句の下

「恋愛」文脈は、入試の古文でよくでますが、メインの主語が二人（男と女）なので、㊤・㊥のつながり（文脈）をとるのは、多少文が難解であったとしても**カンタンで助かります**。

例題4も**例題3**と同じく「恋愛」文脈で、**ラストの贈答歌が「山場」**となっています。本文の対応を、

むかし、色好む人ありけり。男もさまかはらず、同じ心にて、色好む女を、かれをいかで得てしがなと思ひたるを、女も念《ねん》じわたるを、いかなるをりにかありけむ、あひにけり。男も女もかたみにおぼえければ、われもいかですてられじと、心のいとまなく思ふになむありける。なほ女、いでていなむと思ふ心ありて、

意志
（女は出て行こう）
ナ変「往ぬ」（行ク）の未
別れ ㊀

女→男 いざ桜散らばちりなむひとさかりあり経《へ》ばひとに憂き目みえなむ

㊀
用＋「なむ」（カナラズ〜シヨウ）

と書きてなむいにける。男来て見ればなし。いとねたくてをりけり。

（女は出ていった）
別れ ㊀

男→女 いささめに散りくる桜なからなむのどけき春の名をも立つめり

未＋「なむ」←終助詞（"そこでおしまい"の形！）

と読みとれば、設問は**カナリ即答**できてしまいます。

問一は、「歌の要旨」をきいていて、ℓ.5女の歌と本文との関係として、

- ℓ.3〜ℓ.4「なほ女、いでていなむと思ふ心ありて」〔女から、別れを決心〕⊖！
- ℓ.6「と書きてなむいにける。男来て見ればなし」〔女は、実際に男から去った〕⊖！

ℓ.5歌「散ら」⊖と対応！

をおさえ、選択肢と照合すると、「恋愛」がでていない①④を即消し、恋愛的に⊕「相思相愛」の②不可、**恋愛的に⊖**「別れ時」の③正解即答です。

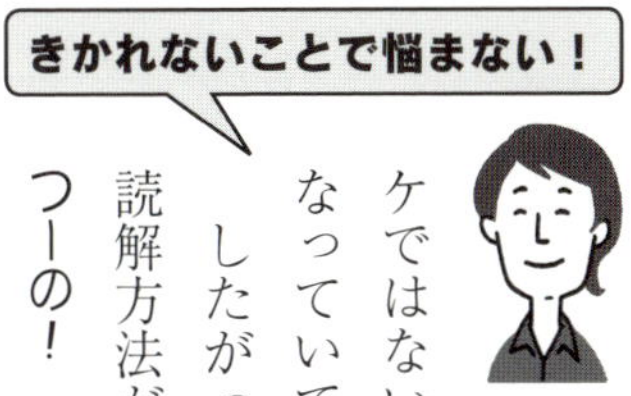

やはりℓ.5女の歌の**「ド直訳」**は**全くいりません**。それはあくまで「この設問のきかれ方ならば」ということであって、もちろん「歌は直訳しなくていい」と申し上げているワケではないのです。おそらく「歌の直訳をきく」設問は、その歌にからむ、暗記系の基礎がポイントとなっていて、基本をおさえておけばできるタイプが多いと思います。

したがって、「訳はきかれたら考えればよい、きかれてなかったら、ザット対応をさぐる！」という読解方法が指示されていると考えてよいのです（**ムズカシク考えすぎて、「自分で自分の首をしめる」な！つーの！　相手に合わせれば、だれでもカンタン！**）。

問二も、「口語訳する場合に」ときいていながら、「口語訳そのもの」を答えさせようというのではなく、実は「ℓ.7男の**歌の切れ目**は？」ときいているのです。基礎をふまえ、〝そこでおしまい〟の形（⬇一〇一ページ）を普段から見ておけば、**「なからなむ」**（**基本の〈(未)＋「なむ」〉！**

「なむ」は、「あつらえ」の終助〔人ニ〜シテホシイ〕を発見するのはカンタン！　文中の終助詞ですから三句切れ、正解③は即答です。もちろんℓ.7の男の歌の直訳は、やはりザットで十分なのです。

試験にでる！　単語・文法・熟語

ℓ.1「かれ」代名 ⬇男女ともにさすので注意 指

1「いかで」副 願望 ⬇何トカシテ

1「てしがな」終助 ⬇〜ダッタライイナア

2「念じ」サ変「念ず」の用 ⬇ガマンスル・祈ル

2「あひ」四「あふ」の用 ⬇結婚シテツキ合ウ

2「かたみに」副 ⬇オ互イニ

3「られじ」⬇受身「らる」の未＋打消「じ」の終

4「いなむ」⬇ナ変「いぬ」の未「行ク」＋意志「む」の終

6「いにける」⬇ナ変「いぬ」の用＋過去「けり」の体

6「ねたく」形「ねたし」の用 ⬇気ニクワナイ㊀

7「ながらなむ」⬇人ニ〜シテホシイ ⬇〈未＋「なむ」〉⬇形「なし」の未＋あつらえ終助「なむ」

全文訳

むかし、好色な女がいた。男も全く同じ様子で、同じ心で、その好色な女を「その女を、なんとかして手に入れたいなあ」と思っていたところ、女も同じように思い続けており、いったいどのようなときだったのであろうか、二人は会って付き合った。男も女も、お互いに愛しく思っていたので、それぞれ「自分は相手に、何とかして捨てられないつもりだ」と、常に思うのであった。それでもやはり、女は別れて出て行こうと思う心があって、いざ桜～（さあ桜よ、花盛りがすぎて、もし散るならば散ってしまおう。もしこのままいっしょに暮らして醜くなってしまったら、あの人にイヤなところを見られてしまうから）

と女は書いて、出ていってしまった。男がいっしょに暮らしていた家に来てみると女はいない。男は全く気にくわなく思っていた。

いささめに～（かりそめの気まぐれで散ってくる桜など、なかったらよいのになあ。そうならばのどかな春という評判も立つことだろう）

以上、**「和歌は本文との関係」**の具体的な分析から、大学側が要求する「本文の文構造として、和歌の対応をきく」出題意図が、おわかりいただけたと思います（〝**和歌恐るるなかれ！**〟**でしょ！**）。歌の基礎は基礎として覚え、あとはこの解説でつかんだイメージで、具体的な〈和歌―本文〉の対応を多くご覧になってください。

基礎 **和歌の基本型**

上の句（「本（もと）」）　五　七　五

第三句（五）を「腰の句」という！　cf.「腰折れ」（下手ナ歌）

下の句（「末（すゑ）」）　七　七

◎「三十一文字（みそひともじ）」＝和歌を象徴！

和歌がらみの本文、“目のとばし”のイメージ！

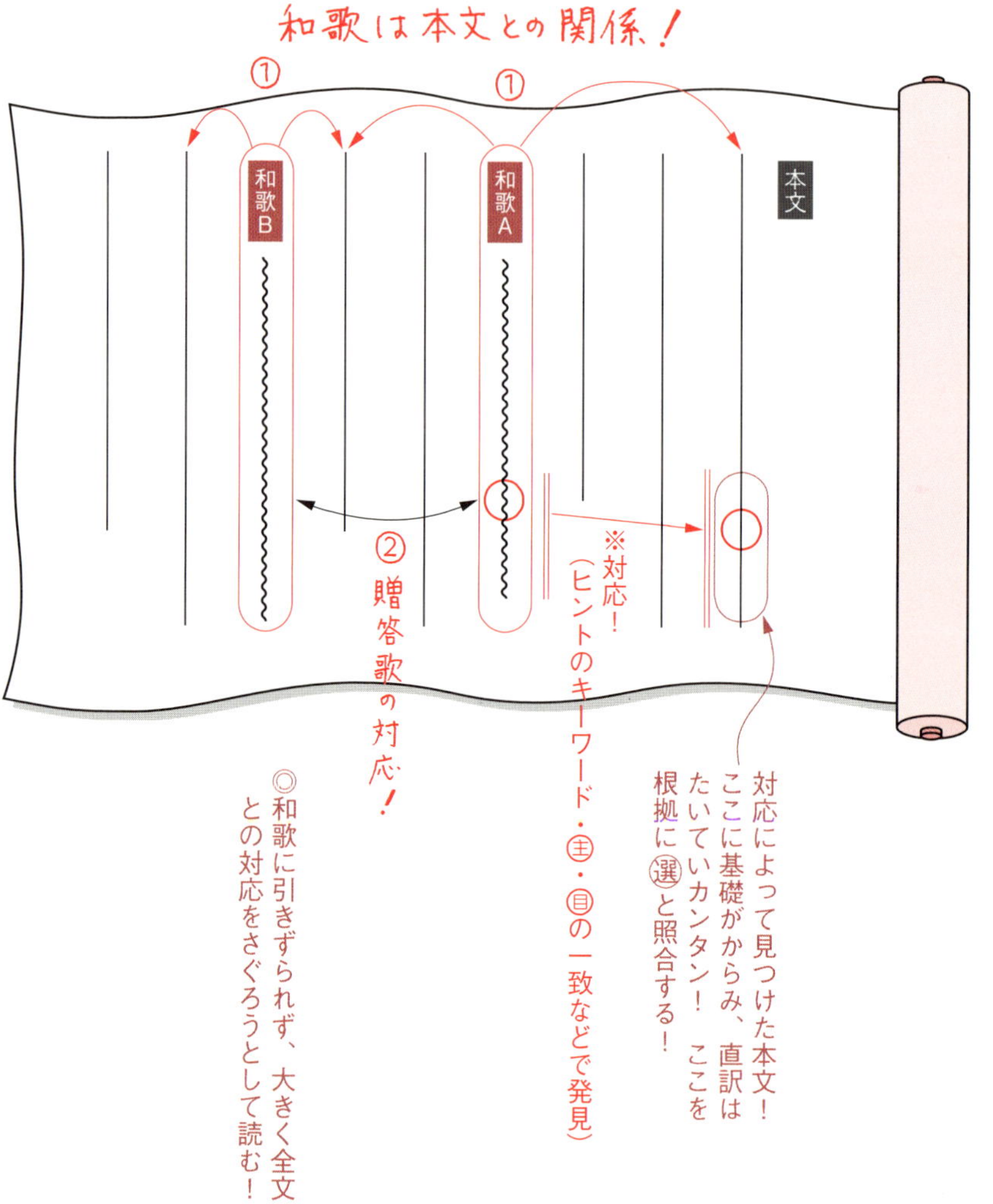

和歌は本文との関係！
①
①
和歌B
和歌A
本文
②贈答歌の対応！
※対応！（ヒントのキーワード・㊟・㊐の一致などで発見）
対応によって見つけた本文！ここに基礎がからみ、直訳はたいていカンタン！ ここを根拠に㊣と照合する！
◎和歌に引きずられず、大きく全文との対応をさぐろうとして読む！

話のパターン性の量をこなせ！
〔本番レベルの問題を数多く見よう！〕

量をこなせば、本文の**人情話**の流れはかぶる！

❶ **恋**〔必ず、和歌がらみ！〕

（初　期）◎女が強い立場！

男 ⬇ 女 〰〰〰（和歌）〰〰〰〔男の歌の内容・大げさに〝愛してる！〟〕

これに対し、女は、

◎返歌する ⬇ ♥脈あり（好き）

・返歌しない ⬇ ×脈なし（嫌い）

女 ⬇ 男 〰〰〰（和歌）〰〰〰〔脈ありで返歌するときも、女の歌の内容は、〝強く拒否〟がお約束！
しかし、本当にキライではなく、返歌していれば、好きと見てよい！〕

（結婚後）◎男が強い立場！「結婚」前後で立場が逆転！

- 「三日」（結婚が決まると、男は三日連続で通わねばならない）
- 「後朝（きぬぎぬ）の文」（女のもとから帰った男が出す！ 必ず和歌）
- 一夫多妻制（第一夫人が「北の方」で、たいてい同居）
- 通い婚（夫が夕方来て、早朝に帰る！「やつす」四 ワザト見スボラシクスル）

女 ⬇ 男 〜〜〜〜（和歌）〜〜〜〜〔〝もう愛してないの？ 来て！〟〕

男 ⬇ 女 〜〜〜〜（和歌）〜〜〜〜〔〝そんなことないよ、行くね〟 ⬇ 愛がさめていることが多い！〕

❷ 贈答歌のパターン！

① 和歌を詠みかけられたら、返歌する。

? もし本文で、返歌していなかったら……

- 歌がムズカシクて返歌できない。
- その人が嫌い。

のいずれかが多い！

② 返歌をするときは、「早くて、うまい」のがよしとされる。

③ 贈答歌を交わしていたら、「二人の人間関係は良好」であることが多い！

たとえば、

（例題３）⬇ 贈答歌を交わしている ⬇

♥「帝と結婚しても、㊗神は㊗弁のことをまだ好き」とわかる。

（例題４）⬇ 贈答歌を交わしている ⬇

♥「女は男を好きだが、容姿が衰えて男に切られる前に別れを決意」

とわかる。

第三講

“読解”を点数に結びつけろ！

第一志望合格，それは受験の“**神**”への道！大学側の出題意図をふまえ，基礎を固めれば，“神”にはだれでもなれること請け合い！

そこで，受験生の盲点とも言うべき，**選択肢の研究法**と本番レベルの“解けるイメージ”の作り方！

効率よい復習法とは？　「天国（第一志望合格）への階段」は意外や意外，**選択肢にポイント**があったのだあ！

実戦
1
答え本文にあり！本文たどって、選択肢と照合！
——選択肢を切りまくれ！——

〈点数とる公式〉
点数＝ たどって《本文》 ＋ 照合《選択肢》

「単語・文法をまじめにやって、本文が訳せれば、点数とれる」といった勉強のイメージが横行しています。私に言わせると、それでは、せっかくの努力が**無駄**になっても当たり前。なぜならば、右の〈公式〉の「本文」の部分しかやっていないからです。

高一のときから学校の先生に教えていただいた基礎もすべてひっくるめ、本番で、みなさんの**実力と点数を結びつける**もの、それは**「選択肢」**なのです。大学の先生の、選択肢の作り方に合わせ、選択肢の構成ポイントを、**切りまくり**ましょう。

第一講、第二講を通じて、「本文をいかにたどるか？」という視点を考えてもらいました。本番レベルの設問分析から、大学側は、まず、「基礎をふまえた本文の文構造の対応」をきいているのであり、しっかりと基礎をふまえたうえで、「答えは結局、本文の文脈（㊟・㊐）が決める」という実態をご理解いただけた、と思います。**「答え本文にあり！」**ですね。

復習として、読解（本文のたどり）のポイントは、

原則

読解の原則

1. 動詞の主語・目的語をつなげ！
2. 指示語の対応を常に意識
3. 順接・逆接を、「、」の前後で考える！
4. セリフのカッコ！
   - カッコ相互の関係
   - カッコと前後の地の文との関係
5. 敬語を使って、主語・目的語をつなげ！
6. 和歌は、本文との対応を常にさぐれ！

7. **対応・対比がないかどうかさぐれ！**
   - **㊟・㊕一致**
   - **ヒントのキーワード**
8. **単語・文法の基礎**
9. **訳せなくても、全文の大まかなつながりを読みとれ！**

といったところです。
これらのポイントに留意し、具体的な本文を大量に“たどって”みてください。
イメージとして、

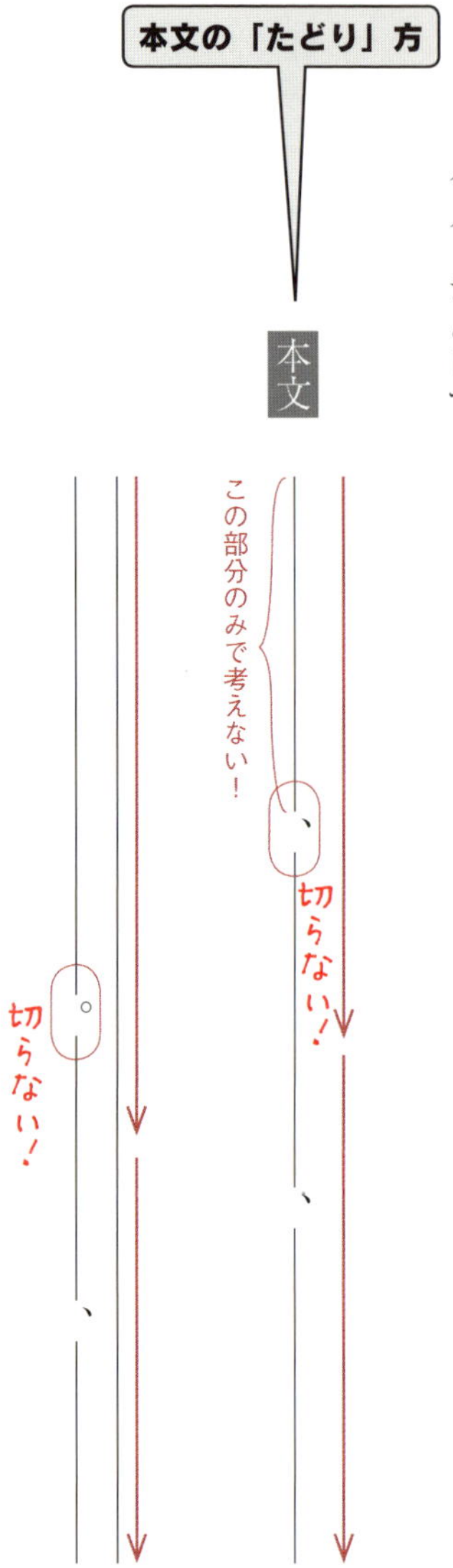

初めて見る本文を、右のようなイメージで**速く“たどる”**ことが理想的です。しかし、しかし……できるだけ多くの実際の本文を通じ、自分なりの“たどり方”をつかむことが課題なのですが、それと並行して、**選択肢の研究**をしてゆかないと、本番で点数に結びつかないのです。

「（本文の）たどりと、（選択肢の）照合」

この二つがうまくかみ合ってこそ、本番で、速く確実に得点することが可能となるのです。

選択肢のパターン

客観式の選択肢を出題者が作る場合、そのタイプは二つしかないのです。

① **複数の、横に組み合わせたポイントから選択肢を構成するタイプ**
②（正誤問題などで）**一つ一つが独立した選択肢からなるタイプ**

大学側の選択肢の作り方に合わせ、受験生の側も、取り組む設問の選択肢のイメージを明確にしておきたいワケです。

②のタイプは、正解・不正解の本文根拠を、選択肢の現代語と一つ一つを照合していけばよいのですが、**配点も高く、時間をかけたいタイプ**です。

半面、設問に使われることが多く、本番でより速く確実に解答するために、**日々訓練が必要**なのが、①のタイプです。大学側の選択肢の作り方を逆手《さかて》にとって、選択肢への取り組み方をマスターしていきましょう。

「ポイントを横に組み合わせる」って、どーゆーこと?

ここでいう「ポイント」とは、さまざまな広い意味で、大学側が着目している**配点ポイント**のことで、あるときは、暗記系の単語・文法だったり、あるときは、(主)・(目)・(指)だったり、さまざまな形で、現代語の選択肢にからんでいるのです。

選択肢は横に見る!

出題者は、二〜三ぐらいのポイントを横にバラして選択肢の現代語を作ってゆく、つまり、

● **「選択肢は、横に作られている!」**

のです。模式的に示すと、

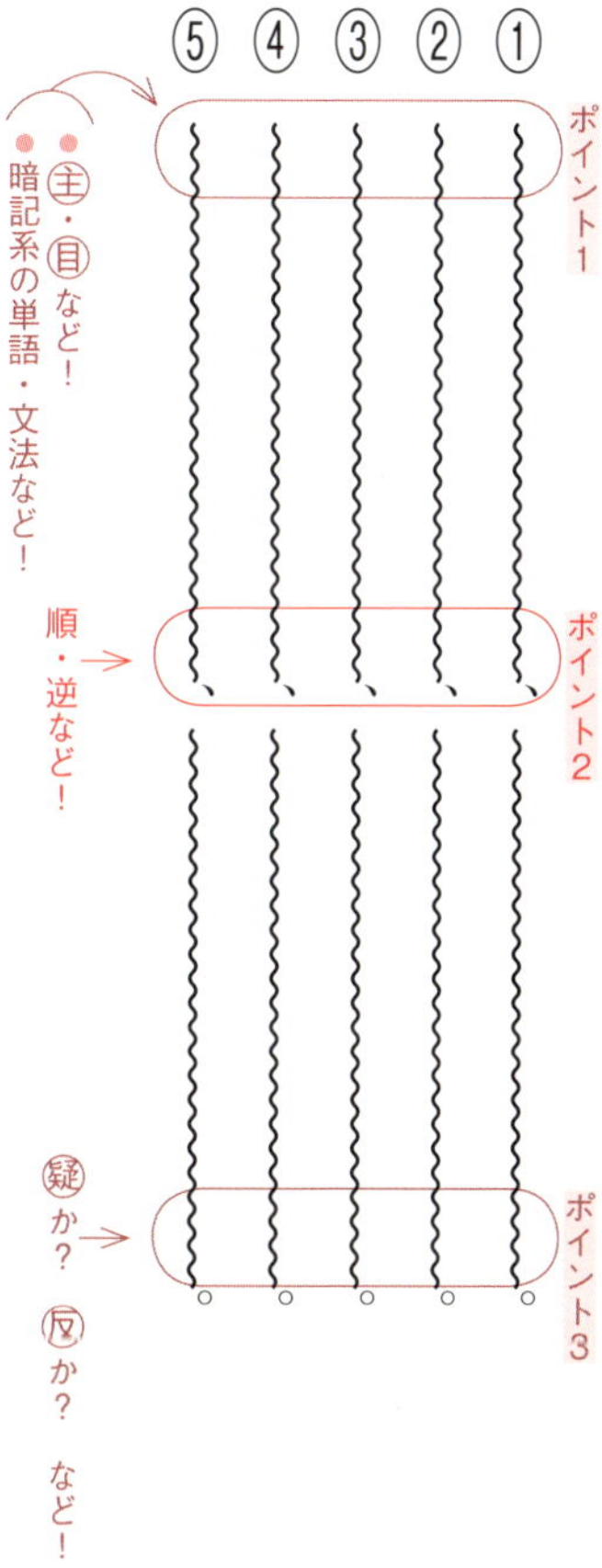

といった具合になり、選択肢は〝**横の構成ポイント**〟で作られていることが多いのです。

「客観性として相手の出題意図に合わせる」のは、**第一講・第二講**で考えていただいた本文読解の要点ですが、選択肢の研究においても**然《しか》り！**　なのです。

〝横に作られている〟選択肢に対し、何も考えず、選択肢を〝縦に読んで、フィーリングで○×〟といった対処では、まんまと**〝ひっかけ〟にやられる**のは当然で、しかも、たとえ正解できたとしても、確実に時間をくってしまうのです。

そこで、速く確実に正解するために、

原則

選択肢、ポイントで切って横に見ろ！　選択肢を切りまくれ！

という視点で、現代語の言いまわしも含め、古文に割ける限られた勉強時間の中に、選択肢の要素をとり込んでいただきたいのです。

「選択肢を横に見る」視点は、実はすでに、**第一・二講**の解説の中で触れています。この項では、さらに**実戦レベルの選択肢**を通じて、みなさんがご自分で選択肢の対処法をつかんでいくのに深めるべき要素を考えていきたいと思います。

例題1

次の文章は『狭衣物語《さごろもものがたり》』の一節である。狭衣大将の家は、粥杖《かゆづえ》で打ち合う遊びでにぎわっている。粥杖の遊びは正月十五日の行事で、粥を炊く薪で作った杖で女性の腰を打つと、打たれた女性に子供ができると信じられていた。ここでは、男性をも打って、その男性の子供ができることを話題にしている。これを読んで、後の問いに答えよ。

かやうにて年もかへりて、十五日にもなりにけり。大将殿の御方には、女君の御姿などこそあらたまるしるしとてもはなやかならね、殿の御方にもとより候《さぶら》ひし人々は、衣《きぬ》の色ども春の錦《にしき》をうち重ねたり。

さまざま祝ひ過ぐしつつ、果ての十五日には、若き人々ここかしこに群れ居つつ、をかしげなる粥杖ひき隠しつつ、かたみにうかがひ、また打たれじと用意したる居ずまひ、思はくどもも、おのおのをかしう見ゆるを、大将殿は見給《たま》ひて、「まろをまづ集まりて打て。さらばぞ誰《たれ》も子はまうけむ。

まことにしるしあることならば、痛うとも念じてあらむ」などのたまへば、みなうち笑ひたるに、「いとど、今はさやうなるあぶれもの、出で来まじげなる世にこそ」と、うちささめくもありけり。
〈センター本試〉

問一 傍線部A「まことにしるしあることならば、痛うとも念じてあらむ」の解釈として最も適当なものを、次の①～⑤のうちから一つ選べ。

① 本当に粥杖のききめがあるのならば、痛がらずに祈り続けよう。
② 本当に粥杖のききめがあるのならば、痛くてもがまんしていよう。
③ 本当にその証拠の粥杖があるからには、痛くてもがまんしていよう。
④ 本当にその証拠の粥杖があるからには、痛がらずに祈り続けよう。
⑤ 本当に粥杖のききめがあるので、痛くても祈り続けよう。

問二 傍線部B「いとど、今はさやうなるあぶれもの、出で来まじげなる世にこそ」という女房の発言が意味する内容の説明として、最も適当なものを、次の①～⑤のうちから一つ選べ。

① 狭衣大将を粥杖で打って、狭衣大将の子を産もうとするような、積極的な女房なんてますます出てくるはずのない、厳格な時代だということ。
② 狭衣大将を粥杖で打って痛がらせるような、乱暴者の女房なんてますます出てくるはずのない、平穏な世の中だということ。
③ 狭衣大将を粥杖で打って痛がらせるような、いたずら好きの女房がますます出てきかねない、お

もしろい世の中だということ。

④狭衣大将を粥杖で打って、狭衣大将の子を産もうとするような、常識はずれの女房なんてますます出てくるはずのない、円満な夫婦仲だということ。

⑤狭衣大将を粥杖で打って、狭衣大将の子を産もうとするような、抜け目のない女房がますます出てきかねない、不安定な夫婦仲だということ。

一瞬、ワケのわからない話題でビビリますが、**「古文はしょせん、人情話、大きく読もう！」**と考え、説明文・本文の全体から、

「メインは、恋愛話、大将と女君はラブラブ!!」

がつかめればOKです（本文冒頭しか掲げなかったので、この点は前提として考えてネ！）。

正解は、**問一**―②、**問二**―④です。

まずは、**問一**の選択肢の構成を見てみましょう。

問一 傍線部Ａ「まことにしるしあることならば、痛うとも念じてあらむ」の解釈として最も適当なものを、次の①～⑤のうちから一つ選べ。

（ポイント2：しるし　ポイント1：念じ）

① 本当に粥杖のききめがあるのならば、痛がらずに祈り続けよう。
② 本当に粥杖のききめがあるのならば、痛くてもがまんしていよう。
③ 本当にその証拠の粥杖があるからには、痛くてもがまんしていよう。
④ 本当にその証拠の粥杖があるからには、痛がらずに祈り続けよう。
⑤ 本当に粥杖のききめがあるので、痛くても祈り続けよう。

「選を横に見ろ！　ポイントを切りまくれ！」
「選の構成の系列を見抜け！」

と考えると、この設問は、選の横の系列がハッキリしていて、ポイントが基礎単語で構成されているので、大学側が**選を横に作っている**ことがよくおわかりいただけると思います。

ポイント1

ポイント1（以下、ポ1）は基礎単語〈「念《ねん》ず」サ変 祈ル・ガマンスル〉で構成されていて、横に選を切ると、

● ①④⑤ → **「祈ル」**
● ②③ → **「ガマンスル」**

という系列に分かれます。つまり、(選)は五つありますが、一系列、(選)が**二つと同じ**ことです。

「基礎をふまえたら、結局、答えは、本文の文脈が決める！」
「傍線・空欄に引きずられず、前後の対応に目をとばせ！」

と考え、(選)から得られた「祈ルなのか？　ガマンスルなのか？」が、この具体的な本文でどーなってる？　とさぐります。

すると、

※説明文・注に答えあり！
● (説明文)「杖で女性の腰を打つ」
● ℓ.5「打たれじ」

などから、「粥杖で打たれたら、イタイのを**ガマンスル**《「念じ」！》」がカンタンに本文の文脈としてとれ、この点を(選)と照合して、①④⑤即消しです。

ここで大切な要素は、このポ[1]で消した(選)の①④⑤の上の部分の現代語は、全く考えなくてよく(**つまり、この部分に、ほかの要素の"ひっかけ"があってもひっかからない！　つーこと！**)、解答時間も**短縮**できる、という点です。

ポ[2]は、これまた、どんな単語帳にも絶対のってる基礎単語〈「**しるし**(験)」(名) 効果〉(**ちなみに、〈「しるし(著し)」(形) ハッキリシテイル〉も試験によくでるよ！**)によるポイントで、暗記系の**ド基礎**として覚えていれば、

（・②→「ききめ」
（・③→「証拠」

②と③で、②即答。

これで本文の具体的な文脈に合うか、(選)を縦に読んで本文と照合し、確認して、マークを塗る！

本番でこの作業をするのに、だれがやったって、一分かからないでしょう。

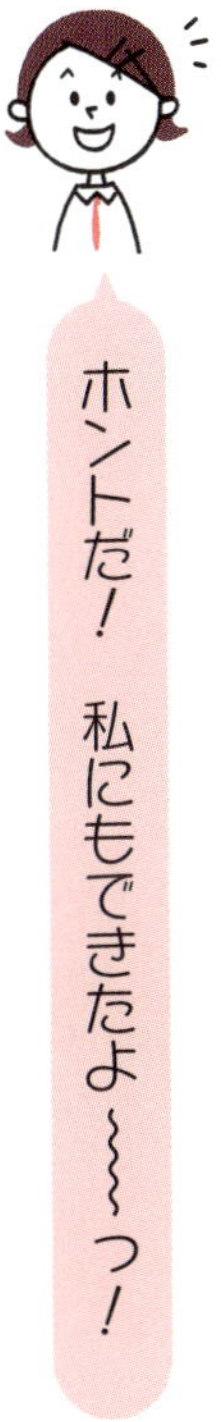

そう、その「だれがやったって」というところがミソなのです。

この形式の設問を「客観式」といいますが、この方向こそ、「一般性のある客観的な解法」なのです。

「あやしいテクニック」でも、「ゲリラ的解法」でもなく、(選)から大学側がききたいところ（出題意図！）をさぐり、主観・恣意《しい》を交えず、速く正解する（問題処理能力！）ということです。

問二は、まず傍線Bに含まれる、「いとど」「あぶれもの」「出で来まじげなる世」といった箇所が、古文的に気になります。〈「いとど」(副) マスマス・イッソウ〉は暗記系です。でも、ほかは暗記系ではありませんのでビビリますが、メゲずに(選)を横に見ます。

問二　傍線部B「いとど、今はさやうなるあぶれもの、出で来まじげなる世にこそ」という女房の発言が意味する内容の説明として、最も適当なものを、次の①～⑤のうちから一つ選べ。

ポイント切れていない！
ポイント2！
ポイント1！

① 狭衣大将を粥杖で打って、狭衣大将の子を産もうとするような、積極的な女房なんてますます出てくるはずのない、厳格な時代だということ。

② 狭衣大将を粥杖で打って痛がらせるような、乱暴者の女房なんてますます出てくるはずのない、平穏な世の中だということ。

③ 狭衣大将を粥杖で打って痛がらせるような、いたずら好きの女房がますます出てきかねない、おもしろい世の中だということ。

④ 狭衣大将を粥杖で打って、狭衣大将の子を産もうとするような、常識はずれの女房なんてますます出てくるはずのない、円満な夫婦仲だということ。

⑤ 狭衣大将を粥杖で打って、狭衣大将の子を産もうとするような、抜け目のない女房がますます出てきかねない、不安定な夫婦仲だということ。

きかれていることは？

選を横に見ることによって、たとえば「いとど」に関してはすべての選で「ますます」が共通しているのでポイントが切れていない、つまり**「大学側がきいていない」**とわかります。

さっさとほかのポイントを探してさらに見てみると、〈「世」名 男女ノ仲〉で系列が切られていることがわかります（「世」は本書のほかの例題でも出てきた基礎単語）。**「選の系列を見抜け！」**

この点、本文はどーなっているかと目をとばします。

- ●①②③ ➡「**時代・世の中**」
- ●④⑤ ➡「**夫婦仲**」

「大きく読もう！」の視点から「大将と女君ラブラブ」の「恋」の文脈が最も強いことは、全文からザット読みとれ、これを根拠に、①②③即消しです。

④⑤の系列を見抜けますか？

- ●④「**出てくるはずのない**」➡「**出てこない**」（否定）
- ●⑤「**出てきかねない**」➡「**出てくる**」（肯定）

今、みなさんにチョット頭を使ってもらっているのは、実に(選)の**現代語**の処理・言いかえなのであって、古文そのものではないのです。

ここが勉強法に取り込んでいただきたい点で、高一から学校の先生に教えていただいた基礎も含め、本番で、みなさんの実力と点数を結びつけるのは、「(選)の現代語」なのです。古文の本文は読めても、たとえば(選)の言いかえという現代語の要素で失点するといった事態が、**悲惨なことに**本番の実態であって、今から本番に臨むみなさんが絶対避けなければならないことなのです。したがって、

「(選)の現代語（言いまわし・言いかえ）を研究すべし！」

ということであって、○×の設問の出来、不出来を気にするよりも、(選)の横の構成、現代語の言いまわ

しを多量に見ておきたいのです。

㊴研究の視点

❶ **古文の単語・文法との照合！**
（「この文法は、この言いまわしなら正解（あるいは不正解）なのかぁ」）
❷ **㊴の現代語の言いまわし！**
❸ **言いかえ**

といった点に留意し、不正解の㊴も含め、**量**をこなしましょう。こうした研究は、もちろん、**漢文・現代文の㊴**にも使えるワケで、国語の総合点を高める、という目的において**相乗効果**が期待できます。

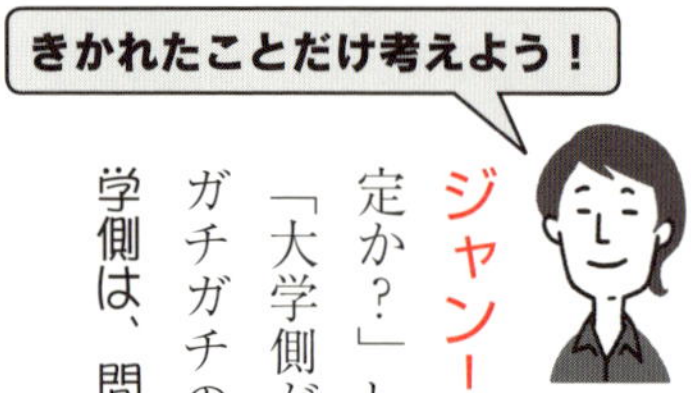

問二のポ[2]は、④と⑤の系列の違いから、「出で来まじげなる」でポイントを切っていることがわかります。「まじげなる」は暗記系ではありませんが、結局**「打ち消しの『まじ』ジャン！」**とわかればよく、「まじ」の識別が細かく文法的にわからなくても、㊴が「否定か？　肯定か？」しかきいていないので、④と⑤で、**④即答**です。

「大学側がどこまできいているか？」という点も、㊴からわかります。すると、たとえばこの設問で、ガチガチの〝文法君〟になってしまって、「こだわって、ムダに時間をくう」ことも避けられるのです（大学側は、**問題処理能力として、まさにそこを見ているワケね！**）。

この本番レベルの例題からもわかる**得点へのアプローチ**を、イメージ的にまとめましょう。

得点へのアプローチ

❶ **本文の傍線**
（視点(1)のみの受験生が多い！）

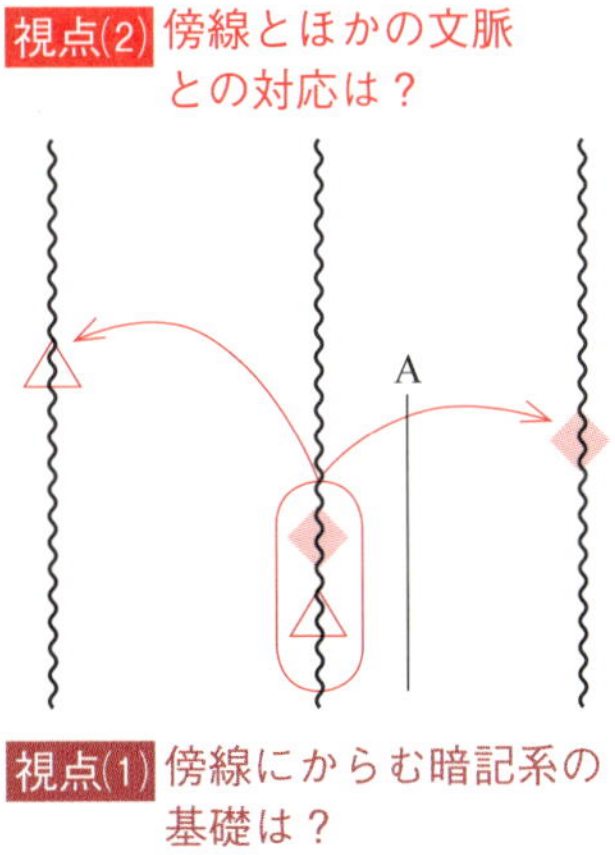

❷ **選の系列は？**

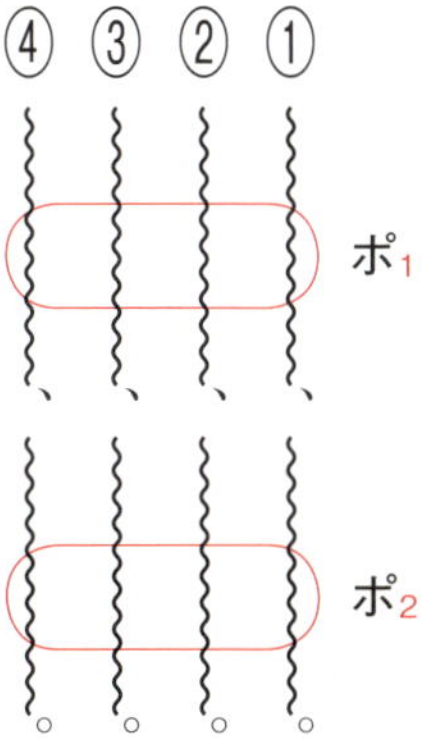

❸ **本文と選との照合！**

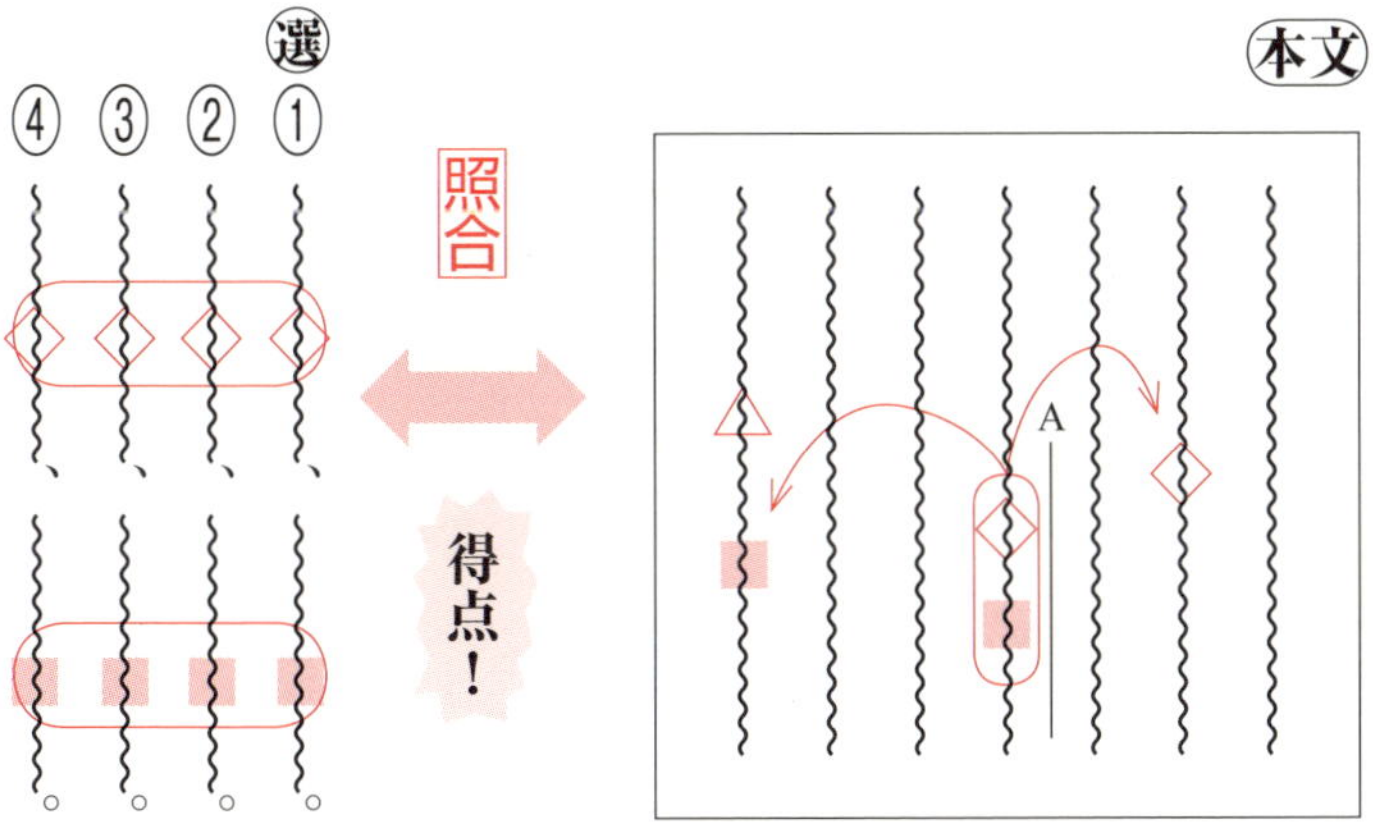

これが基本的に得点に至る流れなのです。

「単語・文法まじめにやって、本文が訳せれば点とれる」といった「悪《あ》しき精神主義」が受験勉強の王道であるかのようにまかりとおっていますが、大学側の要求は、もっと「ドライで客観的な問題処理能力」なのです。受験生の悪しきイメージは、得点へのアプローチの①のみであり、その方向だけでいくら「まじめに」やっても、大学側から拒否されることは必至です。この点を考え、短い学習時間で効率よく得点していってください。

出題意図をくんで勉強せよ！

試験にでる！ 単語・文法・熟語

ℓ.1 「〜こそ…ね、〜〜〜」〔熟〕
- **こそ** ⬇〈…こそ〜〔已〕、＝逆接〉〜ダケレド
- **ね** 〔助動〕打消「ず」の〔已〕

2 「しるし」〔名〕 ⬇効果・御利益《りやく》

2 「候《さぶら》ひ」〔四〕「さぶらふ」の〔用〕。「あり・をり」の〔K〕 ⬇ヒカエル・オ仕エスル

4 「果て」〔名〕 ⬇最後

5 「かたみに」〔副〕 ⬇オ互イニ

7 「念じ」〔サ変〕「念ず」の〔用〕 ⬇祈ル・ガマンスル

8 「いとど」〔副〕 ⬇マスマス・イッソウ

全文訳

このようにして新年になり、一月一五日にもなった。大将殿の御宅では、（喪《も》に服していらっしゃる）女君《めぎみ》の喪服のお姿などは新年になったとはいってもはなやかではないけれど、大将殿

の御宅にもとからお仕えしていた女房たちは、衣の色なども春の錦を重ねたかのように美しく着飾っている。

さまざまな新年の祝事を過ごして、行事の終わる一五日には、若い女房たちがあちこちに集まって、それぞれがおもしろい粥杖を隠し持って、お互いに様子をうかがい、また、打たれまいと注意し合っている様子や、（スキがあったら打ってやろうと）考えていることが、それぞれおもしろく思われるのを、大将殿は見なさって、「私のことをまずは集まって打て。そうすればみんな私の子ができるだろう。本当に効果があることならば、私は痛くともがまんしよう」などと（冗談を）おっしゃるので、女房たちはみな笑っていたところ、「今ではますます、そんな不埒《ふらち》な女房などが出てくるはずのない大将様と女君の円満な夫婦仲であることだよ」と、ささやき合う女房たちもいた。

例題2 【第一講・原則1 例題の全文】

次の文章は『今鏡』の一節で、敏捷《びんしょう》な行動で有名な藤原成通《ふじわらのなりみち》に関する話である。これを読んで、後の問いに答えよ。


宮内卿《くないきやう》有賢《ありかた》と聞こえられし人のもとなりける女房に、しのびてよるよる様をやつして通ひ給《たま》ひけるを、さぶらひども、「いかなるもののふの、局《つぼね》へ入るにか。」と思ひて、「うかがひて、あしたに出《い》でむを打ち伏せむ。」といひ、したくしあへりければ、女房いみじく思ひ嘆きて、例の日暮れにければおはしたりけるに、泣く泣くこの次第を語りければ、「いといと苦しかるまじきことなり。きと帰り来む。」とて、出で給ひにけり。

女房のいへるごとくに、門どもさしまはして、さきざきにも似ず厳しげなりければ、人なかりける方の築地《ついぢ》をやすやすと越えておはしにけり。女房は、「かく聞きておはしぬれば、またはよも帰り給はじ。」と思ひけるほどに、とばかりありて、袋をてづから持ちて、また築地を越えて帰り入り給ひにけり。

あしたには、このさぶらひども、「いづらいづら。」とそそめきあひたるに、日さし出づるまで出で給はざりければ、さぶらひども、杖《つゑ》など持ちて、打ち伏せむずるまうけをして、目をつけあへりけるに、ことのほかに日高くなりて、まづ折烏帽子《をりえぼし》のさきをさし出だし給ひけり。次に柿《かき》の水干《すいかん》の袖《そで》のはしをさし出だされければ、A「あは、すでに。」とて、おのおのすみやきあへりけるほどに、その後、新しき沓《くつ》をさし出だして、縁に置き給ひけり。B「こはいかに。」と見るほどに、いと清らなる直衣《なほし》に、織物の指貫《さしぬき》着て歩み出で給ひければ、このさぶらひども、逃げまどひ、土をほりてひざまづきけり。

宮内卿もたたずみ歩かれけるが、急ぎ入りて装束して、出であひ申されて、「こはいかなることにか。」と騒ぎければ、「別のことには侍《はべ》らず。日ごろ女房のもとへ、ときどき忍びて通ひ侍りつるを、さぶらひの『打ち伏せむ。』と申す由うけたまはりて、『そのおこたり申さむ。』とてなむ参りつる。」と侍りければ、宮内卿おほきに騒ぎて、「この科《とが》はいかにあがひ侍るべき。」と申されければ、「別のあがひ侍るまじ。かの女房を賜はりて、出で侍らむ。」とありければ、左右《さう》なきことにて、御車、供の人などは徒歩《かち》にて、門の外にまうけたりければ、具して出で給ひけり。

『今鏡』〈センター本試〉

問 傍線部A「あは、すでに。」、B「こはいかに。」の前後の「さぶらひ」たちの心情や行動の説明として最も適当なものを、次のうちから一つ選べ。

① 貴族だけが着用する折烏帽子・柿色の水干を見てもう帰ってしまったのかとがっかりしたが、誰《だれ》かが出てきたので注目したところ、直衣・指貫を着た、成通よりもずっと高貴な人だったので平伏してしまった。

② 身分の低い者が着用する折烏帽子・柿色の水干を見て不思議に思ったが、貴族が履くような新しい沓を見て、まだいたと安心し、直衣・指貫姿で出てきた成通の姿にいきり立った。

③ 身分の低い者が着用する折烏帽子・柿色の水干を見てもう帰ってしまったのかとがっかりしたが、貴族が履くような新しい沓を見て不思議に思い、直衣・指貫を着た成通の姿にいきり立った。

④ 貴族だけが着用する折烏帽子・柿色の水干を見ていよいよだといきり立ったが、いざとなると、新しい沓や、あまりにすばらしい直衣・指貫を着用した成通の姿に思わず平伏してしまった。

⑤ 身分の低い者が着用する折烏帽子・柿色の水干を見ていよいよだといきり立ったが、貴族が履くような新しい沓を見て不思議に思い、直衣・指貫を着た成通の姿に驚いて平伏してしまった。

正解は⑤です。

この年の受験生の実際の感想を覚えているのですが、「傍線部がＡＢの二つに分かれているうえ、選択肢の折烏帽子・水干が、何かの暗記系だと思い、覚えていないので動揺した」とのこと。その結果、ひじょうに時間をくい、出来の悪かった設問です。

このタイプの設問は、実はカンタンです。

手がかり選択肢にあり！

第二講・原則[7]「和歌」の例題3（➡二一六ページ）と同じタイプの設問で、傍線が複数に分かれ、㊜がハードな感じの、テクニカルな問題です。大学側がなんらかの意図を持って、しっかりとしくみを考えた設問ですから、そのしくみがわかればカンタンなはず。ヒントとなる手がかりは、おそらく㊜にあり！と見てよいでしょう。

そこで、この設問も㊜を横に見てみると、

①貴族だけが着用する折烏帽子・柿色の水干を見てもう帰ってしまったのかとがっかりしたが、誰かが出てきたので注目したところ、直衣・指貫を着た、成通よりもずっと高貴な人だったので平伏してしまった。

ポイント1

②身分の低い者が着用する折烏帽子・柿色の水干を見て不思議に思ったが、貴族が履くような新しい沓を見て、まだいたと安心し、直衣・指貫姿で出てきた成通の姿にいきり立った。

ポイント2

③身分の低い者が着用する折烏帽子・柿色の水干を見てもう帰ってしまったのかとがっかりしたが、貴族が履くような新しい沓を見て不思議に思い、直衣・指貫を着た成通の姿にいきり立った。

④貴族だけが着用する折烏帽子・柿色の水干を見ていよいよだといきり立ったが、いざとなると、新しい沓や、あまりにすばらしい直衣・指貫を着用した成通の姿に思わず平伏してしまった。

⑤身分の低い者が着用する折烏帽子・柿色の水干を見ていよいよだといきり立ったが、貴族が履くような新しい沓を見て不思議に思い、直衣・指貫を着た成通の姿に驚いて平伏してしまった。

と、横の構成ポイントは単純に切れています。「選の系列を見抜け！」の視点から、「折烏帽子・水干」が服装だ！　ぐらいわかれば、主語によって、

- ①④→「貴族が着る」
- ②③⑤→「身分の低い者が着る」

◎やっぱり主・目！

という二系列に分かれています。「折烏帽子・水干」を全く暗記していなくても、この選から得られた要素が、本文でどーなっているかと目をとばせばよく、

ℓ.14〜ℓ.15「いと清らなる直衣《なほし》に、織物の指貫《さしぬき》着て歩み出で給ひければ」

成が

Sは主がエライ！

が、カンタンに見つかります。

この段落（「段落分けはなんらかのヒント！」で、目をとばすとき、まずは、傍線ABがあるこの段落の中を見ればよい！）のメインの主・目は、「成通（貴族）」と「侍たち」で、身分差があり、敬語が使える〝エライ人一人・エラクナイ人一人〟パターンです。ℓ.15の「給ひ」に注目すれば、楽勝、主語が「成通」とわかります。

つまり、「貴族の成通は、直衣・指貫（男性貴族の普段着）を着ていて、折烏帽子・水干は着ていない」と、本文の文脈からわかるのです。

段落分けに注目！

敬語のパターンをさぐる！

この根拠から(選)に返って照合すると、暗記知識に全く頼らず、①④即消しです。

②③⑤は、

- ②③ ➡「**いきり立った**」
- ⑤ ➡「**平伏してしまった**」

という系列で、本文で「侍たち」が、どーしているか？ と目をとばします。

ℓ.15〜ℓ.16「このさぶらひども、逃げまどひ、土をほりて ひざまづき けり」

（は）（敬なし！ 主 さぶらひども）

が、これまたカンタンに見つかり、(選)と照合して、⑤「平伏してしまった」即答です。

この設問は、傍線が二つに分けられ、しかも傍線ＡＢともに単語・文法的な手がかりがないのでとまどいますが、**「(選)の横の構成ポイントをヒントにする！」**ことによって、「本文と(選)を照合」すれば、実にカンタンにだれでも正解できるのです。

「答えは、本文にあり！　話を作らず、傍線の対応に目をとばせ！」

くり返し、〝得点へのアプローチ〟のイメージを確認しましょう。

（本文）⟺（選）

照合

得点！

・基礎をふまえた本文の文脈の〝たどり〟
⬆具体的な本文読解の量をこなせ！

（大学側の出題意図は、客観的な本文の文構造の対応をきくこと！）

・（選）の横の構成ポイント
・一つ一つが個別の（選）

⬆（選）の構成を多く見ろ！　ポイント切りまくれ！

よーするに、大学側が入試古文できく設問の出題意図は、

よくでる！　出題意図

・文脈としての（主）・（目）（（主）・（目）が一致している対応）
・（指）の対応
・順接・逆接
・暗記系の単語・文法・熟語
・〝ヒントのキーワード〟が示す対応
・「言いかえ」
・「くり返し」の強調
・大意要約
・対比
  - ▼反対語（概念）
  - ▼対　句
  - ▼比　較（だに・さへ　等）

なのです。今後、本番に向けて、みなさんが具体的な入試問題の分析を進めていくうえで、（**点数が大きな設問のうち**）出題意図の観点から、右の項目以外の設問は、おそらく**一問たりともありえない**のです。

「暗記すべき基礎は少なく、問題文は〝人情話〟、出題意図は限られている」のが入試古文のオイシイところであり、出題パターンの実例の量を数多くこなしてしまえば、だれでも得点力が安定して国語の総合点を高める武器となるのです。

〝古文を固めて、国語武装化計画！〟

そのために、

〝選択肢、ポイントで切って横に見ろ！ 選を切って切って切りまくれ！〟

ということになるのです。

試験にでる！　単語・文法・熟語

ℓ.2「あした」名 ⇒朝

7「築地《ついぢ》」名 ⇒壁

7「よも」副＋打消推量「じ」⇒マサカ～ナイダロウ

8「とばかり」熟 ⇒シバラク

10「いづら」疑問詞 ⇒ドコ

11「まうけ」名 ⇒用意・準備

12「ことのほかに」形動「ことのほかなり」の用 ⇒特別ニ

【問題分】ℓ.1～ℓ.5の単語・文法・熟語については、二二ページ参照

19「うけたまはり」四「うけたまはる」の用「聞く」のK ⇒オ聞キスル

19「おこたり」名 ⇒オワビ

21「賜はり」四「たまはる」の用「受く」のK ⇒イタダク

21「左右なき」形「さうなし」の体 ⇒キッパリト

22「徒歩《かち》にて」熟＝「かちより」⇒歩イテ

22「具《ぐ》し」サ変「具す」の用 ⇒連レル

全文訳

宮内卿有賢と申し上げなさった人のところにお仕えしていた女房に、成通がこっそりと夜ごと、わざと見すぼらしい格好をして通いなさっていたところ、宮内卿にお仕えする侍たちが「どのような武士が、女房の部屋へ入っているのであろうか。」と思って、「様子をうかがって、その武士が早朝、女房の部屋から出てくるのを、みんなでぶちのめしてやろう。」と言って、準備をしていたので、女房はたいそう思い嘆いて、成通がいつものように日が暮れたのでいらっしゃったところに、泣く泣くこの事情を語ったところ、成通は「私にとっては全く困らないであろうことである。私はきっとあなたのところに帰って来よう。」と言って、女房の部屋を出て行きなさった。

女房が言ったように、門という門をしっかりと閉めて、以前にも似ず厳しく警戒していたので、成通は人

がいないほうの壁をかんたんに越えて出ていらっしゃった。女房は「成通様はこんな（やっかいな）ことを聞いて行かれたので、またはまさか帰っていらっしゃらないだろう」と思っていたところ、しばらくたって、成通は、（何かが入った）袋を自分で持って、また壁を越えて帰って来なさった。

その次の日の朝には、この侍たちは「どこにいるのだ」と騒ぎ合っていたが、成通は日が出るまで女房の部屋から出なさらなかったので、侍たちは、杖などを持って、打ちのめす用意をして注意していたところ、特に日が高くなってから、成通はまず折烏帽子の先っぽを出しなさった。次に柿色の水干の袖《そで》のはしっこを出しなさったので、侍たちは「おお、もう（出てきたぞ）」と思ってそれぞれいきり立っていたときに、そのあと成通は、新しいくつを出して縁側に置きなさった。（くつは貴族がはくので）侍たちが「これはいったいどういうことだ」と見ているときに、成通は（貴族の普段着である）たいそう美しい直衣《のうし》に、織物の指貫《さしぬき》をはいて歩み出なさったので、（武士と勘ちがいしていた）侍たちは、逃げまどい、土を掘るかのように頭を地面にすりつけてひざまずいた。

（この家の主人である）宮内卿も散歩なさっていたが、（この騒ぎを見て）急いで家の中に入って着替え、再び出てきて成通に申し上げて、「これはいったいどうしたことですか」と騒いだので、成通は「べつにたいしたことではありません。私は最近あなたの女房のところへときどきこっそりと通っていましたところ、お宅の侍たちが『（私を）ぶっとばそう』と申しているということをお聞きして、『そのおわびを申し上げよう』と思って参上したのです」ということでありましたので、宮内卿はたいそう騒いで「（ご迷惑をおかけした）罪はどのようにつぐなったらよいでしょうか」と成通に申し上げなさったので、成通は「特別なつぐないなどいらないでしょう。あの女房をいただいて、出て行きましょう」ということであったので、成通は準備よく自分のお車や、お供の人などは徒歩で、宮内卿の家の門の外に用意して待たせてあったので、女房を連れて出て行きなさったのであった。

では、もう一題やってみましょう。

原則

まずは、傍線・空欄のある段落から「対応・対比」を探そう！

例題3

次の文章は、木下長嘯子《ちょうしょうし》『うなゐ松』の一節である。筆者（翁《おきな》）の十七歳になる娘は四月から病の床にあり、回復の兆しも見えないまま、新年を迎えた。これを読んで、後の問いに答えよ。

昨日といひ今日と暮らすほどに、いつしか年も返りぬ。睦月《むつき》は事立つとて、人ごとに景色異なる装ひども響きののしれど、この人のいとどなやましく、うたてあれば、耳のよそにて、「いかにせん、いかにせん」とあから目もせず、つと添ひつつ嘆くよりほかのことなし。軒端の梅の、かつ咲きそめたるを、女《め》の童《わらは》折りて、「君ならでは」と見せたりしかば、顔近く引き寄せ、「うれしげにも咲きたる花かな。色よりも香こそあはれなれ。我はかく、今日明日とおぼゆるを、げにこの世のほかの思ひ出これならんかし。桜はまだしくて見ざらんぞ口惜しき」など、思ひ入れたる顔のにほひ、あらぬ人なれど、さすがになつかしからずはあらず。〜（略）〜

『うなゐ松』〈センター本試〉

問　傍線部「思ひ入れたる顔のにほひ、あらぬ人なれど、さすがになつかしからずはあらず」とあるが、この部分の解釈として最も適当なものを、次の中から一つ選べ。

①花に思いをめぐらせている娘の顔の様子は、病気のためまるで別人だけれども、やはりいとしく思わずにはいられない。
②死を意識して悲しみに沈んでいる娘の顔の様子は、命のない人のようだが、それでも心がひかれずにはいられない。
③女の童を思いやる娘の顔色は、病気のせいで以前と同じ人とは思えないが、やはりかわいいと思わずにはいられない。
④梅の花の色香を深く味わっている娘の顔の様子は、病人とは思えないけれども、やはり心配せずにはいられない。
⑤過去の思い出にひたっている娘の顔色は、病気のため本人でないようだが、それでも慕わしく思わずにはいられない。

センター本試験の問題です。傍線部が入っているこの段落内から対応をさぐりましょう。ズバリ、

次の文章は、木下長嘯子《ちょうしょうし》『うなゐ松』の一節である。筆者（翁《おきな》）の十七歳になる娘は四月から病の床にあり、回復の兆しも見えないまま、新年を迎えた。こ

＝む

重病！

●む＝筆者の娘

れを読んで、後の問いに答えよ。

昨日といひ今日と暮らすほどに、いつしか年も返りぬ。睦月《むつき》は事立つとて、人ごとに景色異なる装ひども響きののしれど、この人のいとどなやましくうたてあれば、耳のよそにて、「いかにせん、いかにせん」とあから目もせず、つと添ひつつ嘆くよりほかのことなし。軒端の梅の、かつ咲きそめたるを、女《め》の童《わらは》折りて、「君ならでは」と見せたりしかば、顔近く引き寄せ、「うれしげにも咲きたる花かな。色よりも香こそあはれなれ。我はかく、今日明日とおぼゆるを、げにこの世のほかの思ひ出これならんかし。桜はまだしくて見ざらんぞ口惜しき」など、思ひ入れたる顔のにほひ、あらぬ人なれど、さすがになつかしからずはあらず。～（略）～

心配ダ　病デツライ　マスマス　＝ⓜが
耳ニモ入ラズ　私たち　ⓜの看病
同格　で　梅が
（御主人様以外のだれに見せましょう）　ⓜは　梅を　ⓜ
梅に　ⓜの　は　いつもの顔色では　今、心ヒカレル⊕
美シサ　逆ヤハリ

※同格の強調を見逃すな!!
ⓜカッコ
＝
〔梅きれい!!〕

という対応を読みとって、選択肢と照合します。

- ℓ.3〜ℓ.4　**梅**（同格によって強調されている！）
- ℓ.4〜ℓ.6　**㋰カッコ**（梅きれい!!）

⇦

- 傍線部「（梅に）思ひ入れたる（㋰の）顔のにほひ（美シサ）は、」

という本文対応と選択肢を照合して、梅がメインではない②③⑤を**即消し**します。

次に、傍線部「あらぬ人」の解釈はムズカシイのでスルーし、わかる範囲で（**基礎でいけそうな**）、

の部分に注目します。「なつかしから」は基礎単語で「（今、目の前の物に）ヒカレル・⊕」とわかれば二重否定に注意して、

今、心ヒカレル⊕

「なつかしから ず は あらず」

二重否定

⊕

心ひかれ ない ことは ない ＝ 心ひかれる⊕

と、基礎のみで解釈可能です。

選択肢を本文と照合！

この傍線後半で選択肢①と④を見てみると、

①花に思いをめぐらせている娘の顔の様子は、病気のためまるで別人だけれども、やはりいとしく思わずにはいられない。
②死を意識して悲しみに沈んでいる娘の顔の様子は、命のない人のようだが、それでも心がひかれずにはいられない。
③女の童を思いやる娘の顔色は、病気のせいで以前と同じ人とは思えないが、やはりかわいいと思わずにはいられない。
④梅の花の色香を深く味わっている娘の顔の様子は、病人とは思えないけれども、やはり心配せずにはいられない。
⑤過去の思い出にひたっている娘の顔色は、病気のため本人でないようだが、それでも慕わしく思わずにはいられない。

あらカンタン！　㊀系④を消して、㊉系①を即答です。つまり、「あらぬ人」はイマイチ解釈できなくても正解できる（選択肢で、実は大学側も要求していない！）のです。

「傍線部に多少わからない箇所があっても、ちゃんと正解できる!」

試験にでる! 単語・文法・熟語

ℓ.2 「ののしれ」四「ののしる」の已
⇓大騒ギスル

3 「あから目」名
⇓目ヲハナサナイコト

2 「まだしく」形「まだし」の用。
⇓マダ早イ・未熟ダ

4 「果て」連体
⇓ソウデハナイ〜

全文訳

昨日今日と（娘の病気を心配しながら日々を）暮らすうちに、いつの間にか年も改まった。

正月は普段とは違う特別なことをする月なので、人それぞれに趣向が異なる様子で音を響かせ騒ぎ立てるが、この人（娘）がたいそう気分がすぐれず、ますますひどい状態なので、（それらの音は）耳にも入らず、「どうしよう、どうしよう」とよそ見もしないで、ぴったりと（娘に）寄り添いながらただひたすら嘆くばかりであった。軒先の梅で、わずかに咲き始めた梅を、召使いの少女が折って、「あなたでなければ（だれに見せればよいのでしょう）」と言って（娘に）見せたので、（娘は）顔を近く引き寄せて、「うれしそうにも咲いた花だなあ。（これは）色よりも香りがすばらしい。私はこのように、今日明日（の命）

と思われるが、本当にあの世への思い出はこれになるでしょう。桜はまだ開化の時期にならなくて見ることができないのが残念です」などと、（花に）思いをめぐらせている顔の様子は、（病気のため）まるで別人だが、やはりいとしく思わずにはいられない。～

実戦

2

センターの問題が解けちゃった！

―華麗なる読解テクニック！　たどって、照合！―

話を作らず、本文〝たどれ〟！
本文―選〝照合しまくれ〟！

大学側が求める〝客観性と問題処理能力〟、それは「シビアでドライ」な世界です。感情的な○×勉強では対処できません。しかし、裏を返せば、○×の出来にこだわらず、〝基礎と具体性〟の量によって、出題パターンにに慣れてゆき、正解に至るイメージを自分なりに作り上げていけばよいのです。本番が「シビアでドライ」なら、日々の勉強もそれに合わせて対処していけばよいのです。

では、ここまでの総復習として、本番レベルの分析から、〝得点へのアプローチ〟のイメージを確かめましょう！

原則

点数＝本文論旨の〝たどり〟＋選択肢〝照合〟

の視点から総復習！

本文のたどり

❶ 直訳よりも格（主格・目的格）！

「、」で切って直訳をつなぐのではなく、基礎をふまえて**動詞の主語・目的語**を大きくつなごうとして読む。

❷ 指示語の反射神経！

傍線になっていない指示語も含め、全文のつながりの中で、指示語の内容をつかむ習慣をつけておく。「**指示語にならないか？**」と常に対応をさぐる。

❸ 順接・逆接がないかどうかさぐる！

「、」**の前後の**⊕・⊖を常に意識。とにかく「、」で切らない読みを心がける。

❹ セリフのカッコ・和歌！

常に、前後の地の文との関係をさぐる。「**だれがだれに**」をまずおさえ、いきなり直訳に走らず、大きく、前後の対応から考える。

❺ 敬　語！

全文を通じて、敬語が読みに使えそうならば、㊟・㊐**のたどり**の一助にする。

❻ 暗記系の単語・文法！

理想的には、**反復復習**によって、暗記系の単語や文法を意識の底に沈めることで、大きく文脈をたどるとき、時間くわずに本文をたどれること（**メール打つときのイメージ！**）。本文すべての文法がわからなくても、対応がわかれば高得点できる。

❼ 対応・対比がないかどうかさぐる！

「**主語・目的語の一致**」「**ヒントのキーワード**」などによる対応・対比がないか、設問できかれてからではなく、全文のつながりを読みとるうえで、常にさぐる。対応・対比の間の文が多少わからなくても、関係はつかめる。「**言いかえ**」「**くり返し**」をさぐる。

❽ 説明文・注も含め、全文の大きな文構造をつかめ！

訳せないところ・文法的にハッキリしないところで（**本番でもきっとわからない部分はある**）、

読みとどまったり、話を作ったりしない。設問できかれなかったらカンケーない。問題文の人情話を、**大きくザット**（できるだけ速く）つかもうとして読む。

照合＝（点数）

選択肢の照合

❶ **選択肢の現代語の言いまわし！**

現代語の**言いかえ**、古文の単語・文法と(選)の**言いまわしとの対応を照合**。

❷ **選択肢の横の構成！**

(選)**を横に見て**、構成ポイントが切られていないかどうかさぐる。切れていたらその観点で本文を検証する。

❸ **横のポイントが切れていないとき！**

(選)一つ一つを、**本文と照合**する。

例題

次の文章は、『兵部卿《ひょうぶきょう》物語』の一節である。兵部卿の宮の恋人は宮の前から姿を消し、「按察使《あぜち》の君」という名で右大臣の姫君のもとに女房として出仕した。宮はそれとは知らず、周囲の勧めに従って右大臣の姫君と結婚した。以下の文章はそれに続く場面である。これを読んで、後の問に答えよ。

かくて過ぎゆくほど、*御《おほん》心のこれに移るとはなけれど、おのづから慰むかたもある[a]にや、昼なども折々は渡らせ給《たま》うて、碁打ち、*偏継ぎなど、さまざまの御遊びどもあれば、按察使の君は宮の御姿をつくづくと見るに、かの夜な夜なの月影に、さだかにはあらねど見し人に違《たが》ふところなければ、「世にはかかるまで通ひたる人に似たる人もあるにや」と思ふに、見慣るるままには、物のたまふ声、けはひ、様体《やうだい》、みなその人なれば、あまり心ひとつに思ふ心もとなくて、*侍従にしかじかと語り給へば、「さればよ、我もいと不思議なることども侍《はべ》り。かのたびたびの御供に候《さぶら》ひし蔵人《くらうど》とかや言ひし人、ここに候ひて、ことさら『宮の御*乳母子《めのとご》なり』とて、人も(ア)おろかならず思ふさまなり。昨日《きのふ》も内裏《うち》へ参らせ給ふとて、出《い》でさせ給ふを見侍れば、たびたびの御文もて往《い》にたる御随身《みずいじん》も、『御前駆《さき》追ふ』とて忙《いそが》はしげなるさまにて候ひしは、かの中将は仮の御名にて、宮にてぞおはしましけんや」と。

いと恥づかしく悲しくて、「さもあらば見つけられ奉りたらん時、いかがはせん。跡はかなく聞かれんとこそ思ひしを、かかるさまにて見え奉らん、いと恥づかしきことにも」と、今さら苦しければ、宮おはします時はかしこう*すべりつつ見え奉らじとすまふを、「人もいかなることにかと見とがめんか」と、これも苦しう、「[A]とてもかくても思ひは絶えぬ身なりけり」と思ふには、例の、涙ぞまづこぼれぬる。

ある昼つかた、いとしめやか b にて「宮も今朝より内裏におはしましぬ」とて、人々、御前《まへ》にてうちとけつつ、戯《たはぶ》れ遊び給ふ。姫君は寄り臥《ふ》し、御手習ひ、絵など書きすさみ給うて、按察使の君にもその同じ紙に書かせ給ふ。さまざまの絵など書きすさみたる中に、*籬《ませ》に菊など書き給うて、「これはいとわろしかし」とて、持たせ給へる筆にて墨をいと濃う塗らせ給へば、按察使の君、にほひやかにうち笑ひて、その傍らに、

B 初霜も置きあへぬものを白菊の早くもうつる色を見すらん

と、いと小さく書き付け侍るを、姫君もほほ笑《ゑ》みつつ御覧ず。

をりふし、宮は音もなく入らせ給ふに、*御硯《すずり》なども取り隠すべきひまさへなく、みなすべりぬるに、姫君もまぎらはしに扇をまさぐりつつ寄りゐ給ふ。按察使の君は、人より異《け》にいたう苦しくて、御几帳《みきちやう》の後ろよりすべり出でぬるを、いかがおぼしけむ、しばし見やらせ給ひて、かの跡はかなく見なし給ふ人のこと、ふと思《おぼ》し出でつつ恋しければ、過ぎ c にしことども繰り返し思《おも》ほし出でつつ寄り臥させ給ふに、御硯の開《あ》きたる、引き寄せさせ給へば、ありし御手習ひの、硯の下より出でたる取りて見給ふに、姫君はいと恥づかしくて顔うち赤めつつ、傍らそむき給ふさま、(イ)いとよしよししくにほひやかなり。

宮つくづくと御覧ずるに、白菊の歌書きたる筆は、ただいま思ほし出でし人の、「*草の庵《いほり》」と書き捨てたるに紛《まが》ふべうもあらぬが、いと心もとなくて、「さまざまなる筆どもかな。誰々《たれたれ》ならん」など、ことなしびに問はせ給へど、(ウ)うちそばみおはするを、小さき童《わらは》の御前 d に候ひしを、「こ

の絵は誰が書きたるぞ。ありのままに言ひなば、いとおもしろく我も書きて見せなん」とすかし給へば、「この菊は御前なん書かせ給ふ。『いと悪《あ》し』とて書き消させ給へば、わびて、按察使の君、この歌を書き添へ給うつ」と語り聞こゆれば、姫君は「いと差し過ぎたり」と、C恥ぢらひおはす。

『兵部卿物語』〈センター本試〉

（注）＊御心のこれに移る――兵部卿の宮のお気持ちが右大臣の姫君に傾く。
＊偏継ぎ――漢字の偏や旁《つくり》を使った遊び。
＊侍従――按察使の君の乳母の娘。　＊乳母子――乳母の子ども。
＊すべりつつ――そっとその場を退いて。　＊籬――垣根。
＊御硯――硯や筆、紙などを入れる箱。
＊「草の庵」と書き捨てたる――按察使の君が姿を消す前に兵部卿の宮に書き残した和歌の筆跡。

問一 傍線部(ア)〜(ウ)の解釈として最も適当なものを、次の各群の①〜⑤のうちから、それぞれ一つずつ選べ。

(ア) おろかならず思ふさまなり

① 賢明な人だと思っている様子だ
② 言うまでもないと思っている様子だ
③ いいかげんに思っている様子だ
④ 並一通りでなく思っている様子だ
⑤ 理由もなく思っている様子だ

(イ) いとよしよししくにほひやかなり

① 実に風情があり、良い香りが漂っている
② 実に才気にあふれ、魅力的な雰囲気である
③ 実に上品で、輝くような美しさである
④ 実にものものしく、威厳に満ちた様子である
⑤ 実に奥ゆかしく、高貴な育ちを感じさせる

(ウ) うちそばみおはする

① ただ寝たふりをしていらっしゃる
② ちょっと横を向いていらっしゃる
③ 近くの人と雑談していらっしゃる
④ 内心不愉快な思いでいらっしゃる
⑤ 何かに気を取られていらっしゃる

問二 波線部a〜dの「に」の文法的説明の組合せとして正しいものを、次の①〜⑤のうちから一つ選べ。

① a 接続助詞　b 格助詞　c 完了の助動詞　d 断定の助動詞
② a 接続助詞　b 格助詞　c 断定の助動詞　d 断定の助動詞
③ a 格助詞　b 形容動詞の活用語尾　c 完了の助動詞　d 断定の助動詞
④ a 断定の助動詞　b 形容動詞の活用語尾　c 断定の助動詞　d 格助詞

⑤ a 断定の助動詞 b 形容動詞の活用語尾 c 完了の助動詞 d 格助詞

問三 傍線部A「とてもかくても思ひは絶えぬ身なりけり」とあるが、按察使の君がそのように嘆く直接の原因の説明として最も適当なものを、次の①〜⑤のうちから一つ選べ。

① 宮に自分の存在を知られないよう気を遣いながら、女房たちに不審がられないよう取り繕わなければならないこと。

② 宮への思いを捨てられないにもかかわらず、右大臣の姫君の信頼を裏切らないようにしなければならないこと。

③ 宮に自分の苦悩を知ってほしいと願いながら、二人の関係を誰《だれ》にも気づかれないようにしなければならないこと。

④ 宮が身分を偽っていた理由をつきとめたいと思う一方で、宮には自分の存在を隠し通さなければならないこと。

⑤ 宮の姿を見ないよう努めながら、宮と自分の関係を知る侍従に不自然に思われないようにしなければならないこと。

問四 傍線部B「初霜も置きあへぬものを白菊の早くもうつる色を見すらん」という和歌の説明として

最も適当なものを、次の①〜⑤のうちから一つ選べ。

①兵部卿の宮に夢中になっている新婚の姫君に対して、「初霜もまだ降りないのに、どうして白菊は早くも別の色に染まっているのだろうか」と、冷やかして詠んだ。

②宮仕えで気苦労が絶えないことを姫君に打ち明けたくて、「初霜もまだ降りないけれども、白菊は早くもよそに移りたがっているようだ」と、暗示するように詠んだ。

③描いた白菊を姫君がすぐに塗りつぶしてしまったことに対して、「初霜もまだ降りないのに、どうして白菊は早くも色変わりしているのだろうか」と、当意即妙に詠んだ。

④白菊を黒い色に塗り替えた姫君の工夫を理解して、「初霜もまだ降りないけれども、庭の白菊は早くも枯れそうな色に染まってしまったようだ」と、臨機応変に詠んだ。

⑤色を塗り替えられた白菊から容色の衰えはじめた女性の姿を連想して、「初霜もまだ降りないのに、どうして白菊は早くも色あせたのだろうか」と、冗談半分に詠んだ。

問五　傍線部C「恥ぢらひおはす」とあるが、この時の姫君の心情の説明として最も適当なものを、次の①〜⑤のうちから一つ選べ。

①宮に会うのを嫌がっている按察使の君の様子が気の毒なので、長々と引き止めてしまった自分を恥じている。

②按察使の君の見事な筆跡に宮が目を奪われているのを見て、自分が描いた絵のつたなさを恥ずかしく思っている。

③白菊の絵をめぐるやりとりを童女が進んで宮に話してしまったので、自らの教育が行き届かなかったと恥じている。

④配慮を欠いた童女のおしゃべりのせいで、自分たちのたわいない遊びの子細を宮に知られて恥ずかしく思っている。

⑤白菊の絵を置き忘れた按察使の君の行動が不注意にすぎるので、自分の女房として恥ずかしいと思っている。

問六　本文の内容に合致するものを、次の①〜⑥のうちから二つ選べ。ただし、解答の順序は問わない。

①按察使の君は、右大臣の姫君の夫である兵部卿の宮が自分のもとに通っていた「中将」と同一人物らしいことに気づいた。しかし、以前の関係に戻るつもりはなく、できるだけ宮の目を避けようとした。

②兵部卿の宮は、かつて按察使の君に対して身分を偽っていたが、侍従は、そのことを見抜いていた。そこで、按察使の君が宮と再会できるように、宮の妻である右大臣の姫君への出仕を勧めた。

③右大臣の姫君は、按察使の君が兵部卿の宮の目を避けようとしていることに気づき、二人の関係を知りたいと思った。そこで按察使の君に和歌を書かせ、その筆跡を見せて宮の反応を確かめようとした。

④按察使の君は、兵部卿の宮が自分のもとに通っていた「中将」と同一人物であることを、侍従から知らされた。そこで、右大臣の姫君の目を避けながら宮に自分の存在を知らせるため、和歌を

詠んだ。

⑤兵部卿の宮は、右大臣の姫君と結婚してからも姿を消した恋人を忘れてはいなかった。そんなとき、偶然目にした和歌の筆跡が恋人のものと似ていることに気づき、さりげなく筆跡の主を探り出そうとした。

⑥右大臣の姫君は、新たに出仕してきた按察使の君を気に入り、身近に置くようになった。しかし、親しく接するうちに彼女が夫の兵部卿の宮と親密な間柄であったことを察し、不安な思いにかられた。

正解

問一 (ア)—④　(イ)—③　(ウ)—②（五点×三）

問二 ⑤（六点）　**問三** ①（七点）　**問四** ③（七点）

問五 ④（七点）　**問六** ①・⑤（四点×二）

センター試験、二〇分でこの一問、典型的な問題です。この解答プロセスを何度もくり返し復習して、**正しい得点過程のイメージ**を作り上げていきましょう。

ズバリ、本番でこの問題を初めて見て反応すべきは、

第一段落

次の文章は、『兵部卿《ひょうぶきょう》物語』の一節である。兵部卿の宮の恋人は宮の前から姿を消し、「按察使《あぜち》の君」という名で右大臣の姫君のもとに女房として出仕した。宮はそれとは知らず、周囲の勧めに従って右大臣の姫君と結婚した。以下の文章はそれに続く場面である。これを読んで、後の問に答えよ。

かくて過ぎゆくほど、（宮の）御《おほん》心のこれ（＝姫君）に移るとはなけれど、おのづから慰むかたもあるにや（a 断定「なり」・用）、昼なども折々は（ひの所に）渡らせ給《たま》うて、碁打ち、偏継ぎなど、さまざまの御遊びどもあれば、（ひの女房の）按察使の君は宮の御姿をつくづくと見るに、かの夜な夜な（あの昔の恋人）の月影に、さだかにはあらねど見し人（＝宮）に違《たが》ふところなければ、（あ）「世にはかかる人もあるにや」と思ふに、（宮を）見慣るるままには、物のたまふ声、けはひ、様体《やうだい》、みなその人なれば、あまり心ひとつに思ふ心もとなくて、

あの昔の恋人は宮なのではないか？
（問六・④・消し）

・兵部卿の宮＝宮
・按察使の君＝あ
・右大臣の姫君＝ひ

第一段落

侍従にしかじかと語り給へば、「さればよ、我もいと不思議なることども侍《はべ》り。かのたびたびの御供に候《さぶら》ひし蔵人《くらうど》とかや言ひし人、ここに候ひて、ことさら『宮の御乳母子《めのとご》なり』とて、人も(ア)おろかならず思ふさまなり。昨日《きのふ》も内裏《うち》へ参らせ給ふとて、出《い》でさせ給ふを見侍れば、たびたびの御文もて往《い》にたる御随身《みずいじん》も、『御前駆《さき》追ふ』とて忙《いそが》はしげなるさまにて候ひしは、かの中将は仮の御名にて、宮にてぞおはしましけんや」と。

第二段落

いとど恥づかしく悲しくて、「さもあらば見つけられ奉りたらん時、いかがはせん。跡はかなく聞かれんとこそ思ひしを、かかるさまにて見え奉らん、いと恥づかしきことにも」と、今さら苦しければ、宮おはします時はかしこうすべりつつ見え奉らじとすまふを、「人もいかなることにかと見とがめんか」と、これ

侍もあと同じくひに仕えてから、宮ではないかと気づいた！（問六・②・消し）

第二段落

も苦しう、「とてもかくても思ひは絶えぬ身なりけり」と思ふには、例の、涙ぞまづこぼれぬる。

第三段落

ある昼つかた、いとしめやかにて「宮も今朝より内裏《うち》におはしましぬ」とて、人々、御前《まへ》にてうちとけつつ、戯《たはぶ》れ遊び給ふ。姫君は寄り臥《ふ》し、御手習ひ、絵など書きすさみ給うて、按察使の君にもその同じ紙に書かせ給ふ。さまざまの絵など書きすさみたる中に、籬《ませ》に菊など書き給うて、「これはいとわろしかし」とて、持たせ給へる筆にて墨をいと濃う塗らせ給へば、按察使の君、にほひやかにうち笑ひて、その傍らに、

初霜も置きあへぬものを白菊の早くもうつる色を見すらん

と、いと小さく書き付け侍るを、姫君もほほ笑《ゑ》み給ひつつ御覧ず。

問三　アレコレ　心配　「ず」・体
ひの所には来ない
使役「す」・用
問四・注目ポイント！
※ヒントのキーワード
※「くり返し」（二人とも＋）
⇒問四で㊀系の選不可!!

第三段落
●女主人のひには敬語！
●女房のあには敬語なし！
・S単独→ひが〜に
・K単独→〜がひに
（問六・②・消し）

第五段落　第四段落

をりふし、宮は音もなく入らせ給ふに、御硯《すずり》なども取り隠すべきひまさへなく、みなすべりぬるに、姫君もまぎらはしに扇をまさぐりつつ寄りゐ給ふ。按察使の君は、人より異《け》にいたう苦しくて、御几帳《みきちやう》の後ろよりすべて出でぬるを、いかがおぼしけむ、しばし見やらせ給ひて、かの跡はかなく見なし給ふ人のこと、ふと思《おぼ》し出でつつ恋しければ、過ぎにしことども繰り返し思《おぼ》ほし出でつつ寄り臥させ給ふに、御硯の開《あ》きたる、引き寄せさせ給へば、ありし御手習ひの、硯の下より出でたる取りて見給ふに、姫君はいと恥づかしくて顔うち赤めつつ、傍らそむき給ふさま、(イ)いとよしよししくにほひやかなり。

宮つくづくと御覧ずるに、白菊の歌書きたる筆は、ただいま思ほし出でし人の、「草の庵《いほり》」と書き捨てたるに粉《まが》ふべうもあらぬが、いと心もとなくて、「さま

突然、宮が来てしまった!!
あは出ていった!!
宮は
昔の恋人（説明文）
完了「ぬ」・用
c
「き」・体
宮は
（傍線Bの歌）
（ひ・ルックス＋）
ソバに
顔ソムケル
美シイ
〔問六・⑤〕
ℓ.27の人
宮→ひ

第五段落

ざまなる筆どもかな。誰々《たれたれ》ならん」など、ことなしびに問はせ給へど、(ウ)うちそばみおはするを、小さき童女《わらは》の御前にd候ひしを、「この絵は誰が書きたるぞ。ありのままに言ひなば、いとおもしろく我も書きて見せなん」とすかし給へば、「この菊は御前なん書かせ給ふ。『いと悪《あ》し』とて書き消させ給へば、わびて、按察使の君、この歌を書き添へ給ふ」と語り聞こゆれば、姫君は「いと差し過ぎたり」と、c恥ぢらひおはす。

同格㊂　※同格の強調

問五・④

問五

※カッコ…地の文！

というイメージで、具体的な本番レベルの問題量をこなしておけば、このハードな印象の例題も、

ヤバイッ！ そんなにガッツリ本文わからなくても、二〇分以内で、高得点できちゃった!!

と、だれしもなれるはず！

問一の解説

【◎解説における「ℓ.」表示は、二七八～二八〇ページにおける行数を示しています】

(ア)④は、傍線(ア)に基本熟語（「おろかならず」並々デハナイ・普通デハナイ、よく⊕系で使う！）が入っていて⊕系の選択肢にとびつきたくなりますが、あわてず、

原則

傍線・空欄に引きずられず、前後の対応に目をとばせ！

の原則から、本文ℓ.7～ℓ.8に注目し、

「姫君の家の人々が、宮の乳母子《めのとご》」を、(ア)――――（好意的⊕!!）

とつかみ、この**主語・目的語（文脈）に合う選択肢**を選びます。

(ア) おろかならず思ふさまなり

1̶ 賢明な人だと思っている様子だ
2̶ 言うまでもないと思っている様子だ
3̶ いいかげんに思っている様子だ
④ 並一通りでなく思っている様子だ
5̶ 理由もなく思っている様子だ

⊕系がハッキリしない②③⑤を消し、①と④を「本文の内容」から考えます。ℓ.7〜ℓ.8の前後で、「宮の乳母子が、機転が利く・賢明だ」などという文脈はいっさいないので、①不可！ ④**正解**です。

(イ) ③は、傍線内にある何やらムズカしげな**「よしよしく」**などという単語がハッキリしないのでイヤな感じです（**「上品ダ・由緒アル⊕」という意味ですが、本番でわからなくても当たり前な単語！ こんなことも本番よくあるヨ！**）。「にほひやかなり」は基礎単語「にほひ 名 全体的ナ美シサ⊕」と同じかな？ とあたりをつけつつ、本文前後に目をとばせ！

●ℓ.28〜ℓ.29

姫君が恥ずかしそうに横を向く様子は

あくまで「新婚の姫君のルックス⊕」の文脈がこれからカンタンに読みとれ、

(イ)ひルックス⊕！
ここに合う選は？

(イ) いと よしよししく にほひやかなり
何だこりゃ？

① 実に風情があり、良い香りが漂っている
「にほひ」から不可！（全体的ナ美シサ）

② 実に才気にあふれ、魅力的な雰囲気である

③ 実に上品で、輝くような美しさである

④ 実にものものしく、威厳に満ちた様子である
姫ではない!!

⑤ 実に奥ゆかしく、高貴な育ちを感じさせる

②⑤は見た目・ルックスではなく内面性⊕で不可！

傍線部の直訳のみからではなく、本文と照合して選択肢を処理して、③を自信を持って選びます。

(ウ)②も、傍線部「うちそばみ」がハッキリしなくて嫌な感じです。しかし、めげているヒマなく**本文の前後に目をとばして**、ℓ.31「さまざまなる〜」のカッコが、宮→ひであることをおさえ、傍線(ウ)の主語は、**宮の問いかけのカッコに対する姫君の反応・態度**ととらえ、姫君が主語では？

とおさえます。前後の文脈で、姫君の動作は？　とさぐると、ℓ.28～ℓ.29傍線(イ)の文脈「姫君が恥ずかしそうに横を向く」ぐらいしか「本文から読みとれる情報」としては見つかりません。あせって話を作ったりせず、注意深く文の対応関係を整理すると、主語が姫君と考えたうえで、

姫は

- ℓ.28　傍《かたは》ら（横・側）　そむき（顔ヲソムケル）　給ふ（S）　さま
- ℓ.32　(ウ)うち（強意）　そばみ　おはする（S）

という関係性が見えてきます。ℓ.28の表現のほうが意味としてはとりやすく、

(ウ)　うちそばみ（はて？）おはする

① ただ寝たふりをしていらっしゃる　×
② ちょっと横を向いていらっしゃる　（ℓ.28「傍らそむき」と矛盾しない！）
③ 近くの人と雑談していらっしゃる　×
④ 内心不愉快な思いでいらっしゃる　×
⑤ 何かに気を取られていらっしゃる　×

と選択肢をしぼり込めば、傍線部「そばみ」を暗記していなくても**答えは②**と解けます！

問二の解説

センター本試験の特徴として、

「全項目ハッキリわからなくても正解できる！」と言えます。「に」の識別をオーソドックスに問う**問二**ですが、傍線部はa～dの四項目に分かれています。基本方針は、

「文法的にわかるものから選択肢を横に見ろ！　わからない箇所にこだわるな！」

です。

ℓ.1a項「に」は、文法公式的な**「にや・にか」**の「に」です（**ちゃんと本文で「～デアロウカ？」で合うか確認！**）からカンタンです。選択肢での項を横に見て、①②③を**即消し**しましょう。

	a	b	c	d
①×	接続助詞×	格助詞	完了の助動詞	断定の助動詞
②×	接続助詞×	格助詞	断定の助動詞	断定の助動詞
③×	格助詞×	形容動詞の活用語尾	完了の助動詞	断定の助動詞
④×	断定の助動詞○	形容動詞の活用語尾	断定の助動詞×	格助詞
⑤○	断定の助動詞○	形容動詞の活用語尾	完了の助動詞○	格助詞

④と⑤が残ります。c項が違っていますので、本文の傍線c（ℓ.26）にもどって考えてみますと、「過ぎにし」は、文法公式典型的な、〈動＋完了＋過去〉で、「に」は、〈助動完了「ぬ」・用〉とカンタンに判定（**まさに「中間・期末テスト」のレベルで解けるヨネ!!**）できて、④不可！ ⑤**正解!!**

問三の解説

問三の出題意図は、ズバリ**「第二段落の要旨」**をきいています。原則として、

「まずは、傍線・空欄がある段落内から、対応・対比関係を探れ！」

という視点が大切です。実はこの問三は、**第二講・原則5例題3**のきき方と全く同じですので、よくよく復習しておいてください。

「全く違った本文・文脈で、同じ原則を考える！」

ことは、みなさんが本番においてちゃんと自力で問題を処理できる実戦力を養ううえで、たいへん有効です。

第一段落（**按察使の君は、今の女主人である姫君の夫「兵部卿の宮」が、どうやら「昔の自分の恋人**・ℓ.3～ℓ.5**」であるらしい**）を受け、第二段落の傍線部A（ℓ.14）を考えましょう。**第二講・原則5例題3**と同じく、この第二段落は、**按察使の君の三つの心の中のセリフのカッコ**から構成されています。地の文で動作を表す本動詞には基本的には敬語（**特に尊敬語**）が使われていないことも、主語が按察使の君と判定するのに有効です（**第二講・原則6「敬語を読みに使え！」を復習ヨロシク!!**）。

選択肢を処理する原則は、

「傍線Aがある第二段落の、三つのあカッコの内容を最も反映しているものを選べ！」

となります。なんとなくわかる直訳のみで選ばず、この原則で**選択肢を吟味するイメージ**を養ってください。

傍線A「思いは絶えぬ（悩ミハ尽キナイ）・㊀」は、

- ℓ.12〜ℓ.13「苦しけれ」㊀
- ℓ.14「苦しう」㊀

とキレイに対応していて、

- ℓ.11〜ℓ.12「さもあらば〜いと恥づかしきことにも」〔宮に見つけられたら恥ずかしい・㊀〕
- ℓ.13〜ℓ.14「人も〜とがめんか」〔周囲の人々も、宮を避ける私を不審に思う・㊀〕

という二つのあカッコと傍線Aの解釈で選択肢を処理しましょう。

① 宮に自分の存在を知られないよう気を遣いながら、女房たちに不審がられないよう取り繕わなければならないこと。

（ℓ.11〜ℓ.12 あカッコ）（ℓ.13〜ℓ.14 あカッコ）

② 宮への思いを捨てられないにもかかわらず、右大臣の姫君の信頼を裏切らないようにしなければならないこと。

（× ない）

③宮に自分の苦悩を知ってほしいと願いながら、二人の関係を誰《だれ》にも気づかれないようにしなければならないこと。

④宮が身分を偽っていた理由をつきとめたいと思う一方で、宮には自分の存在を隠し通さなければならないこと。

⑤宮の姿を見ないよう努めながら、宮と自分の関係を知る侍従に不自然に思われないようにしなければならないこと。

キッチリ本文要素と選択肢を照合し、**自信を持って①を選択**しましょう。

問四の解説

力まかせに単語力・文法力にモノを言わせ、

「傍線Bの和歌の直訳のみから選択肢を選ぼうとする」

のが、マズイ解き方です。おちついて和歌にビビることもなく、主語が(あ)（**やはり敬語が前後の地の文で尊敬系でないことからも！**）であることをおさえ、

「まずは傍線・空欄の入っている第三段落（ℓ.16〜ℓ.22）**の要素から考えよう！」**

「和歌は本文との関係から考えよう！」（要復習・**第二講・原則7**）

という原則から考えてみましょう。

第三段落は、

「古文は人情話！メインの主・目は二〜三人！」（第一講・原則2【➡四六ページ】）

の原則どおり、

- 姫君（あの女主人・エライ・敬語使われている）
- 按察使の君（あ・姫君の女房・エラクない）

の二人がメインで、敬語も使える主従関係です。第三段落内でこの二人の状況で特徴的なのは、

- ℓ.19〜ℓ.20あ「にほひやかにうち笑ひて＋」
- ℓ.22「姫君もほほ笑み給ひ＋」

※ヒントのキーワード！
※「くり返し」

という「二人の＋な関係」です。

選択肢も、この関係性ハッキリ＋を反映しない（①⑤「冷やかし・冗談半分」のやや－）と（②ハッキリ－）を消します。③と④が残ったところで、

「選択肢の構成系列を見抜け！」（第三講・実戦1）

の原則です。

問四 傍線部B「初霜も置きあへぬものを白菊の早くもうつる色を見すらん」という和歌の説明として最も適当なものを、次の①〜⑤のうちから一つ選べ。

「全訳」をきいているのではないヨ！

① 兵部卿の宮に夢中になっている新婚の姫君に対して、「初霜もまだ降りないのに、どうして白菊

× ない

は早くも別の色に染まっているのだろうか」と、冷やかして詠んだ。（やや⊖）

②宮仕えで気苦労が絶えないことを姫君に打ち明けたくて、「初霜もまだ降りないけれども、白菊は早くもよそに移りたがっているようだ」と、暗示するように詠んだ。⊖

③描いた白菊を姫君がすぐに塗りつぶしてしまったことに対して、「初霜もまだ降りないのに、どうして白菊は早くも色変わりしているのだろうか」と、当意即妙に詠んだ。⊕
（⊕⊖？ ← ℓ.18〜ℓ.19!!）

④白菊を黒い色に塗り替えた姫君の工夫を理解して、「初霜もまだ降りないけれども、庭の白菊は早くも枯れそうな色に染まってしまったようだ」と、臨機応変に詠んだ。⊕
（⊕ ← ℓ.19「いとわろしかし・⊖」!）

⑤色を塗り替えられた白菊から容色の衰えはじめた女性の姿を連想して、「初霜もまだ降りないのに、どうして白菊は早くも色あせたのだろうか」と、冗談半分に詠んだ。（やや⊖）
（× ない）

- ③⇒**姫君すぐに塗りつぶした**⇒⊕・⊖？
- ④⇒**姫君の工夫**⇒**ハッキリ**⊕

「この点、本文はどーなってる？」と第三段落をザットさぐると、

ℓ.19
「これはいとわろしかし」とて、〜塗らせ給へば
（わろし：下手ダ、ヨクナイ ⊖）（給へ：カッコの主がひとわかる!! Ⓢ）

という姫君の行動がカンタンに読み取れます。姫君は［自分の絵を㊀と考え、黒く塗りつぶした］ので、(選)の④（㊉系）は即消し！　傍線Bの歌は、ザットたどるくらいで直訳はわからなくとも、③を選べるのです。そもそも問四は、「和歌の説明」をきいていて、「和歌の全訳」などというムズカシいことはきいていないのです。相手（大学）に合わせれば、**だれでもカンタンに解けるよ！**

問五の解説

問五は、第五段落（ℓ.30～ℓ.35）の要旨を問う設問です。

「まずは傍線・空欄の入っている段落内から対応・対比を探せ！」

です。ℓ.35傍線C「恥ぢらひ・㊀」の**主語**は、ℓ.35の「姫君は『いと差し過ぎたり（出スギテイル・㊀）』と、」からハッキリ**姫君**とわかります。この本文で姫君は、何を「差し過ぎたり」と「恥ぢら」っているのでしょうか？　ここで**何となくのイメージで**暴走せず、**本文の対応**をさぐってみましょう。**「順接・逆接は〝命〟！」**（第一講・原則③）の原則から、ℓ.35「聞こゆれば」の**「(已)＋ば」順接確定の条件（～ノデ）**を発見できればしめたもの！

- ℓ.34～ℓ.35　（童女→宮）カッコ［第三段落の状況をペラペラ言った!!］**と、**　ℓ.32 同格の強調!!
- ℓ.35　**（童女が宮に）聞こゆれば**（申し上ゲルノデ）**なので**　(順)（原因・理由）
- ℓ.35　**姫君は（童女が）デシャバリ過ぎだ！　と恥ずかしく思っていらっしゃる。**［傍線C］

という本文の対応関係が読みとれ、これをもとに選択肢を淡々と処理していけばOKです。

第四段落（ℓ.23～ℓ.29）のℓ.23～ℓ.24で突然の㊪の来訪に按察使の君㊀はあわてて姿を消し、この現場（**第五段落「段落分けは、なんらかのヒント！」**）にはいません。姫君が「差し過ぎたり・㊀」と思っているのは、「童女」に対してです。

選択肢の構成＝出題意図！

「選択肢の構成を見抜け！」

問五の選択肢は、

- ①②⑤ → ㊀ **メイン**
- ③④ → **童女** **メイン**

という構成になっています。

①宮に会うのを嫌がっている按察使の君の様子が気の毒なので、長々と引き止めてしまった自分を恥じている。

②按察使の君の見事な筆跡に宮が目を奪われているのを見て、自分が描いた絵のつたなさを恥ずかしく思っている。

③白菊の絵をめぐるやりとりを童女が進んで宮に話してしまったので、自らの教育が行き届かなかったと恥じている。

④配慮を欠いた童女のおしゃべりのせいで、自分たちのたわいない遊びの子細を宮に知られて恥ずかしく思っている。

ℓ.34〜ℓ.35

⑤白菊の絵を置き忘れた按察使の君の行動が不注意にすぎるので、自分の女房として恥ずかしいと思っている。

ℓ.23〜ℓ.24で「姫君は童女に対して㊀」（第一講・原則①「主語・目的語をたどれ」）なので、①②⑤（㋐メイン）は即消しです。③と④が残り、本文の文対応ℓ.34〜ℓ.35の「童女→宮」のカッコを**キレイに反映している**④を選びましょう！

「ザット」本文をたどれ！

問六の解説

ここまできたら、あとは正誤問題の**問六**を、**「答え本文にあり！　本文をたどって、選択肢と照合！」**（第三講・実戦①）です。落ち着いて選択肢を処理できれば、全問正解も可能です！　すこし細かいですが、

①按察使の君は、右大臣の姫君の夫である兵部卿の宮が自分のもとに通っていた「中将」と同一人物らしいことに気づいた。しかし、以前の関係に戻るつもりはなく、できるだけ宮の目を避けようとした。

第二段・ℓ.11〜ℓ.13

第一段・ℓ.3〜ℓ.6

②兵部卿の宮は、かつて按察使の君に対して身分を偽っていたが、侍従は、そのことを見抜いていた。

ℓ.5〜ℓ.10から不可！

そこで、按察使の君が宮と再会できるように、宮の妻である右大臣の姫君への出仕を勧めた。

③ 右大臣の姫君は、按察使の君が兵部卿の宮の目を避けようとしていることに気づき、二人の関係を知りたいと思った。そこで按察使の君に和歌を書かせ、その筆跡を見せて宮の反応を確かめようとした。

ℓ.3〜ℓ.5から不可！

④ 按察使の君は、兵部卿の宮が自分のもとに通っていた「中将」と同一人物であることを、侍従から知らされた。そこで、右大臣の姫君の目を避けながら宮に自分の存在を知らせるため、和歌を詠んだ。

⑤ 兵部卿の宮は、右大臣の姫君と結婚してからも姿を消した恋人を忘れてはいなかった。そんなとき、偶然目にした和歌の筆跡が恋人のものと似ていることに気づき、さりげなく筆跡の主を探り出そうとした。

ℓ.30〜ℓ.31

⑥ 右大臣の姫君は、新たに出仕してきた按察使の君を気に入り、身近に置くようになった。しかし、親しく接するうちに彼女が夫の兵部卿の宮と親密な間柄であったことを察し、不安な思いにかられた。

③⑥ 姫君は、全文で、ぁと宮のことを気づいていない、ので不可。

といった具合に、本文の正解・不正解根拠がハッキリしています。これで**全問の正解達成!!**

以上のアプローチによって、**二〇分以内で高得点**が可能です。「華麗なる読解テクニックを大公開！」と言いたいところですが、実は**「だれでもできる当たり前の目のとばし方」**なのであって、大学側がおそらく受験生に期待している〝読み方〟なのです。

そのように私自身も思う根拠は、

❶ **正解するのに用いる基本単語・文法に無理がない。**

❷ **多少訳せない本文箇所があっても、大まかに本文をたどれば、選択肢の対応が見つかり、正解・不正解の根拠が、本文・説明文・注にある**（文脈のたどりは、基礎を踏まえてザッとでよい！　ということ）。

❸ **だれでも、こうした方向でアプローチすれば、二〇分以内でカナリの高得点が可能。**

という三点につきます。

本番頂点！　です。みなさんも、古文を固めて、**〝国語武装化計画〟**!!

試験にでる！ 単語・文法・熟語

ℓ.5 「心もとなく」形「心もとなし」の用
⇓気ガカリダ・ハッキリシナイ・ジレッタイ

6 「さればよ」＝「さればこそ」熟
⇓ヤッパリネ、思ッタ通リダ！

9 「随身《ずいじん》」名⇓オ供ノ人（身分の低い男性）

19 「にほひやかに」形動「にほひやかなり」の用
⇓美シイ＋

20 「傍《かたは》ら」名⇓横・ソバ

21 「ものを」接助・終助 逆⇓～ナノニナア

28 「そむき」四「そむく（背く）」・用
⇓横ヲ向ク・出家スル

31 「紛《まが》ふ」四「紛《まが》ふ」の終⇓見マチガエル

33 「なば」熟 完了「ぬ」の未＋「ば」
⇓モシ～シテシマッタナラバ

33 「すかし」四「すかす」の用⇓ダマス

34 「わび」上二「わぶ」の用⇓～スルノニ困ル

35 「聞こゆれ」下二「聞こゆ」の已
⇓「言ふ」のK 申シ上ゲル

全文訳

こうして（月日が）過ぎていくうちに、（兵部卿の宮の）お気持ちがこれ（＝右大臣の姫君）に移るというわけではなかったが、自然と心が慰められるということもあるのであろうか、昼なども時々は（姫君の許に）おいでになって、碁を打ったり、偏継ぎ（をしたり）など、さまざまな遊びをなさるので、按察使の君は宮のお姿をよくよく見ると、（以前）あの夜ごとの月明かりに、はっきりとではないが見た人に異なるところがないので、「世の中にはこうまで（昔）通っていた人に似ている人もいるのであろうか」と思うが、（その姿を）見慣れるにつれては、何かをおっしゃる声、雰囲気、姿形（など）、すべてその人（そのもの）なので、（按察使の君は）あまり自分一人の心だけで思い込むのも不安で、侍従に「こうこう」とお話しになると、（侍従は）「やはりね、私もとても不思議なことがありました。あのたびたびのお供としてお仕えしていた『蔵人』とか言った人が、ここにおりまして、特別に『宮の乳母の子どもである』と言って、（周りの）人も並ひと通りでなく思っている様子です。昨日も宮中へ参上なさると言って、お出でになるのを見ますと、（昔）たびたびのお手紙を持っていった随身も、（ここでは）『先払いをするぞ』と言って忙しそうな様子でおりますのは、あの『中将』は仮のお名前であって、（実は）宮でいらっしゃったのでしょうか」と（言う）。

（按察使の君は）ますます恥ずかしく悲しく思って、「もうしそうであるならば（私が宮に）見つけられ申し上げたとき、どうしたらよいだろうか。（自分は宮の前から）姿を消したと（宮に）聞き知られようと思ったのに、（よりによって）このような状態で（宮に）見られ申し上げることは、とても恥ずかしいことでもあるよ」と、改めてつらく思うので、宮がいらっしゃるときはうまくそっとその場を退いては（宮に）見られ申し上げないようにしようと（その場の状況に）あらがうのを、「（まわりの）人もどういうことなのだろうと不審に思うだろうか」と、これも（また）苦しく、「いずれにしても（つらい）思いは絶えない身であることよ」と思うにつけても、いつものように、涙がまずこぼれた。

ある（日の）昼頃、とても静かな様子で、「宮も今朝から宮中にいらっしゃいました」と言って、人々は、姫君の前でくつろぎながら、遊び興じなさる。姫君は物に寄りかかって横になり、習字、絵などを気分にまかせてお書きになって、按察使の君にもその同じ紙に書かせなさる。いろいろな絵などを描き興じた中で、（姫君は）垣根に菊などをお描きになって、「これはあまりによくないわ」と言って、お持ちになっている筆で墨をとても濃くお塗りになったので、按察使の君は、華やかな美しい様子で笑って、そのそばに、

初霜も〜（初霜もまだすっかり降りないのに、どうして白菊は早くも色変わりしているのだろうか）

と、とても小さく書き付けましたのを、姫君も微笑なさりながらご覧になる。

ちょうどそのとき、宮は音も立てずにそっとお入りになると、（今まで使っていた）硯なども取り隠すことのできる時間的余裕さえなく、みなそっと退出したので、姫君も（その場を）紛らわそうと扇をいじりながら物に寄りかかってすわりなさる。按察使の君は、（ほかの）人よりも特にはなはだしくつらく思って、几帳の後ろからそっと退出したのを、（宮は）どのように思われたのだろうか、しばらくそちらをご覧になって、あの失踪したと思いなさった人のことを、ふと思い出しなさりながら恋しく思うので、過ぎ去った昔のいろいろなことをくり返し思い出しになりながら物に寄りかかって横におなりになるときに、硯（の箱）が開いているのを、引き寄せなさると、先ほどの習字（の跡）が、硯の下から出ているのを手に取ってご覧になるので、姫君はとても恥ずかしく思って顔を少し赤らめながら、脇のほうに背を向けなさる様子は、実に上品で輝くような美しさである。

宮はよくよくご覧になると、白菊の歌を書いた筆跡は、たった今思い出しなさった人が、（姿を消す前に）「草の庵」と書き残した（和歌の筆跡）に見間違えるはずもない（ほどそっくりな）のが、とても気がかりで、「さまざまな筆跡があるなあ。（それぞれ）だれのものだろう」などと、何げないふりをしてお聞きになるが、（姫君はそ知らぬふりをして）ちょっと横を向いていらっしゃるので、姫君に仕えている小さな童女を（つかまえて）、「この絵はだれが描いたのか。ありのままに言うならば、とても趣深く私も描いて見せよう」とだましなさるので、「この菊（の絵）は姫君様がお描きになりました。（ところが）『非常に下手だ』と言って（自ら墨で）書き消しなさったので、困惑して、按察使の君が、この歌を書き添えなさった（のです）」としゃべり申し上げるので、姫君は「とてもでしゃばりなことだ」と、恥ずかしそうにしていらっしゃる。

実戦 3

おすすめの勉強法！

——最小の努力で最大の効果！　自力本願！　本番頂点！——

元井の視点

本番で高得点するために、いかに古文を短時間の勉強量でこなし、他教科に時間をまわせるか！

要するに、**本番で、いかに速く正解できるか？**が問われています。勉強法にこだわっている場合ではありません。日々の勉強において、他教科の時間をくわず、できるだけ短い勉強時間で、古文を得点源にしなければなりません。

この項で考えていただきたい要素は、**お堅い勉強方法や、なんらかのイズムではありません。**日々の勉強にとり入れていただきたい要素であって、それぞれのみなさんの生活に応じ、どんどんアレンジしていって**自分なりの勉強法**としていってほしいのです。

〝本番に向けての学習法〟について述べたいと思います。

「学習法・勉強法」に関して、受験生の間には妙な「幻想」があって、

「よい勉強法さえつかめれば、第一志望に受かる」

と固く信じ、参考書・合格体験記のたぐいをシャカリキ読みまくったりする人もいます（そんなヒマあったら英単語でも覚えようよ!!）。

まずは、この点についてハッキリ断言しておきます。

〝万人に共通の、唯一絶対の、よい勉強法などない！〟

のです。とにかく、勉強の方法論にハマってはいけません。

大学入試において、大学側は、そんなあやしげな要求を受験生にしていません。なんら不安に思うことはないのであって、大切なことは、

1. **各教科の基礎をザット覚える。**
（反復復習が有効。ある程度わかったら、本番レベルの設問分析と並行して、基礎を引き続き定着させる。基礎だけ独立して学習しようとしない）
2. **第一志望レベルの問題で、得点に至る過程を分析する。**
3. **出題のパターン性を、問題量をこなす中でつかむ。**
4. **復習を中心に制限時間を意識し、本番で得点できるイメージを作り上げていく。**

といった要素なのです。つまり、本番で速く正解できる方向ならば、どんな勉強法でもよいわけで、

〝基礎をふまえた具体的な問題から、自分なりに得点できるアプローチを作る〟

ことが大事なのです。「自分なりに」つかんだ方法でないと、本番で使えないのです。他人のマネをしても、本番では得点できないのです。

〝自力本願！〟あるのみです。くれぐれも抽象的な方法論に走ってはいけません。具体的な問題をこなしていく中で自然と自分なりのアプローチがつかめてくるはずです。

そこでそこで〝おすすめ〟の学習要素！

1 まずは、本番第一志望レベルの問題（過去問・受けない他学部の過去問・同レベル他大の過去問　など）を、解くか解かないかの中間ぐらいで分析！

◎全訳があったら活用！

まず、「古文が読めるか?」というプレッシャーを自分にかけず、**全訳を活用**して、**全文の(主)・(目)を拾いだす**。つまり、直訳のために全訳を使うのではなく、文脈のために全訳を活用する。わかった文脈で、古文の全文をザットたどる。

◎設問の正解・解答を活用！

設問は解かずに（解けるなら解いてもよい）、**正解の本文根拠**を、正解そのものが本文のどこにどうあるか？　という視点で**本文でチェック**する。チェックした正解根拠と傍線を媒介している要素（**たとえば、(主)・(目)の一致・ヒントのキーワード・単語・文法・指示語など！**）を分析する。

◎選択肢の研究

正解の(選)の本文根拠だけでなく、**不正解の(選)の本文根拠もさぐる**。(選)の現代語の言いまわしと古文の単語・文法を照合しておく。「**ああ、この古文の文法は、(選)の現代語のこれなら正解で、こっちなら不正解なんだ！**」とわかる。(選)の横の構成ポイントを切ってみて、量をこなす。

まずは、**「解かないで分析」**というと、面くらうかもしれません。これは、徹底的に「出来の（**○×の**）プレッシャーを自分にかけない」ということなのです。

受験生は、まあ当然なのですが、○×勉強に陥りがちです。「設問解いてみて○つくと安心」という方向は、しかし、問題解くのに時間くって、そのわりに**問題量をこなせない**のです。つまり、出題パターンの量はこなせないわけで、なんとなく**フィーリング**でできたものを〝よし〟としてしまい、出題パターンの問題の具体性に引きずられてしまうのです。私などから見たら、同じパターンの問題を、自分で解いたときはできて、本番でまちがったりしているのです。

ある程度勉強したら、その成果を確認したい気持ちはわかりますが、

「とにかく、本番で、より速く正解できる確率を高める！」ことが日々の勉強で大切なのです。ここは「ダマサレタ！」と思って、とにかく「問題を解くか解かないかの中間ぐらいで」量を数多くこなしてみてください。

問題分析のガイドライン

❶ 全訳で文脈（㊟・㊐）を通し、**本文の全体的な話をつかむ**。
⇩
❷ 全訳で通した文脈を、古文の本文でたどる。訳的にわからないところは、**すぐ全訳を見て照合する**。
⇩
❸ **設問の正解**をチェック（問題解かない！）。
⇩
❹ **選択肢の分析**（できたら「出題意図は何？」とさぐる）。
⇩
❺ **正解・不正解の根拠**を、本文でチェック。
⇩
❻ 本文根拠と、設問の傍線の**関係を分析**（この段階で出題意図がわかることも多い）。

要するに、

「第一志望の本番で、大学側は何をきき、何がどう問われ、何がどう点になるのか?」ということ、つまり、本番で受験生が問われ、答えるべき要素を、現段階ではできなくてもつかんでしまい、その到達点に向けて勉強を日々進めることなのです。

「能率よく勉強する」には、この点が大切で、必要以上に勉強時間をくって、そのわりに本番でできない事態は何としても避けねばなりません。

でも、自分で分析しろ、って言われてもなあ……。

と思われるかもしれませんね。その「分析の視点」こそが、本書の第一講、第二講で実例から見てもらった**〝読解テクニック〟**であり、考え方なのです。考えてもらったイメージで、**問題を解くか解かないの中間で**どんどん具体的な**量**をこなしてみてください。

古文に割《さ》ける時間は、限られています。というより、古文に時間をかけず、メインの英語・数学等にかけるべきです。第一志望の受験科目は、古文一科目ではありません。第一志望こそ実は、その「科目数をこなして勉強していけるか?」という点を見ているのではないでしょうか。

同じ単位時間あたりで大問一題解くよりも、解くか解かないの中間のほうが**三倍ぐらい**の出題パターン性を確認できるでしょう。「今日の安心」よりも、「本番でいかに解けるか」が大事です。

直前期に、時間を計って解きたかったら、過去問を二〜三年分は見ないのも手です。浪人の方は見てしまっていると思いますが、モチロン全く解かなくても大丈夫でしょう。

要は、「本番で正解できる正しい時間的イメージ」が固まっていればよいのです。

分析が終わった問題は、どーすればいいの？

そのとおりです。「やりっぱ」ではあまり意味がありません。そこで「復習」！なワケです。〝おすすめ〟の学習要素は次のとおりです。

2 復習をメインにする！（本番での〝解けるイメージ〟を固めろ！）

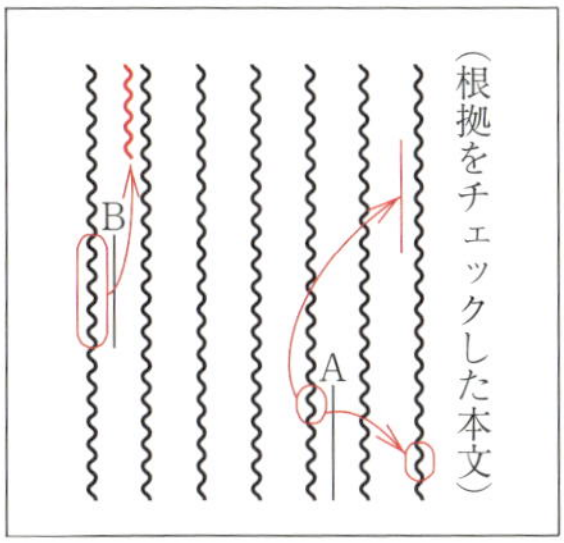

自分で分析し、本文に根拠をチェックすると、たとえば、第三講・実戦2の例題の、「本番で反応すべき」チェックのような本文ができあがります。

これを、反復して〝**読み込み復習**〟するのです。

◎まっ白い本文でなく、根拠をチェックした本文をたどり直す。

自分で根拠に目がとぶか？　というプレッシャーをかけない。本文の文脈を古文的に読み直しながら、対応するところでは、矢印の方向に目をとばす練習をする。このときも全訳を活用して、基本的には「古文の読み慣れ・速読」を心がける。古文への抵抗感をなくしながら本番レベルの〝**目のとばし**〟を練習する。

何度も読み込んで、上の〝斜め読み〟のイメージをつかむ。

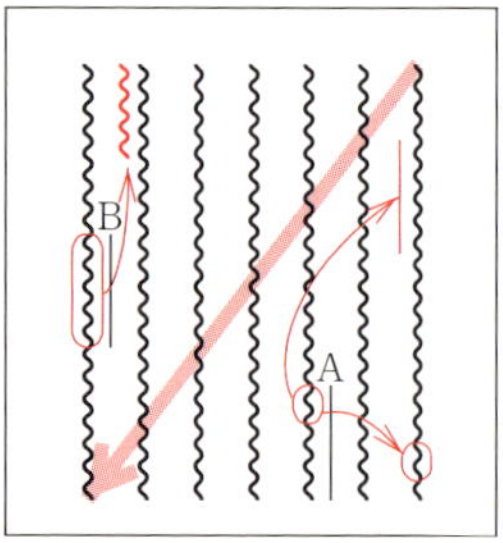

◎設問にからんでいない単語・文法を、読み込みながら覚えようとする。

本文の文脈を通じて、**暗記系の基礎がため**を並行して行う。

◎一回の復習（チェックしたあとの〝読み込み〟）**は三〇分以内をメドにする。**

とにかく一回で復習し切ろうとしない。何度も反復する中で具体的につかもうとすることを心がける。疑問点は、ピックアップして本文の行の下などに書いておく（**訳が疑問・文法疑問・根拠疑問、など！**）。くり返し〝**読み込む**〟うちに本文もハッキリし、基礎力もついてくるので、くり返しの中で、疑問点も解決していくことが多い。

◎〝読み込み〟のための問題の量をためる。

慣れるまでは、数題の同じ問題をくり返す。慣れてきたらどんどん問題量を増やし、反復して

〝読み込む〟。材料としては、学校の授業の問題・模試・問題集の問題・過去問など。できれば第一志望本番レベルが望ましい。

◎選択肢と本文根拠を、〝読み込み〟の中で、何度も照合する。

「**照合**」もくり返し！

◎メインの教科の合い間に、古文の〝読み込み復習〟をさし込む。

最低一日一回は、**古文の速読**をやる。チェックしてある本文だから、プレッシャーもかからず、時間もかからない。

以上の要素に留意して、みなさんの生活にとり入れてみてください。どんどんアレンジしていってよいのです。「これでいいのかな？」と、初めは手ごたえがないので悩むかもしれませんが、**一か月は続けて**みて効果を測ってみてください。これで、**ケッコー〝科学的〟**なのです。

実験心理学で「フィード・バック」というのですが、「人間の記憶容量を保つには、**くり返し**が最も効果ある」ことは、実証されているのです。これにもとづいた復習法が、右の要素です。意外に科学的なこの方法、**一か月後には、違う**はず。

○×のプレッシャーを、自分で自分にかけず、

「本番で解けるイメージ」を固めていくことが大切です。「一回解いた問題を見ても仕方がない」という考え方もあるようですが、それは、○×にこだわっているからであって、問題量を具体的にこなすうちに、「全く違う文脈でも、正解のあり方が同じ」であることが、まさに具体的につかめてくるでしょう。

問題文の具体性に引きずられないためには、やはり、**量**が必要です。それは、**第三講・実戦1**で見てもらったように、入試古文の出題意図が限られている（➡二六三ページ）からであって、だからこそ「本番で見る初めての問題でも、**同じような目のとばしで正解できる**」ワケなのです。これを古文に割ける限られた勉強で、いかに効率よく自力でつかめるか、という勝負なのです。

あわせて、いつも**「制限時間内で解けるイメージ」**を練り上げましょう。第一志望合格に必要なのは、「（古文だけできることでなく）国語の総合点を高める」ことなのです。そうした努力の結果、○×の出来は、**「本番が頂点！」**に決まっています。目先の○×よりも、「何で解けなかったのか」を分析し、その結果を本番に生かせればよいのです。

自力本願 ＋ 本番頂点 ＝ 第一志望合格！

これぞ、入試の大方程式なのです。
みなさんの本願成就を祈念いたしております‼

〔著者紹介〕
元井　太郎（もとい　たろう）
東京都出身。東京大学大学院人文科学研究科国語・国文学専攻博士課程満期退学。専攻は『源氏物語』。現在、代々木ゼミナール古文科講師。
シンプルながら応用の利く方法論を指導してくれる講師として、受講生からの支持は絶大。その講義は、衛星授業（代ゼミサテライン）でも受講可能。

改訂版　元井太郎の　古文読解が面白いほどできる本（検印省略）

2014年2月16日　第1刷発行
2022年7月20日　第14刷発行

著　者　元井　太郎（もとい　たろう）
発行者　青柳　昌行

発　行　株式会社KADOKAWA
〒102-8177　東京都千代田区富士見2-13-3
電話　0570-002-301（ナビダイヤル）

●お問い合わせ
https://www.kadokawa.co.jp/（「お問い合わせ」へお進みください）
※内容によっては、お答えできない場合があります。
※サポートは日本国内のみとさせていただきます。
※Japanese text only

定価はカバーに表示してあります。

DTP／フォレスト　印刷・製本／加藤文明社

ISBN978-4-04-600178-8　C7081